違いをあらわす「基礎日本語辞典」

森田良行

角川文庫
18628

目次

【た】

まえがきにかえて

—日本語の骨格をもっとも骨太にとらえた本

サンキュータツオ

自分で自分のことをよく理解できていない人が多いように、日本人は日本語のことをよく理解できていません。

たとえば「ほんの」を説明してください、と言われたら、あなたはどうしますか？「少し、ちょっとだけってことではないの？」と言うかもしれません。しかし、これでは五十点どころか、三十点にも満たない回答です。なぜなら、「ほんのちょっと」「ほんの少し」という表現がありますよね。「ほんの」を「少し」とか「ちょっと」に変換すると、「少し少し」とか「ちょっとちょっと」となってしまい、意味がわからなくなります。また、「ほんの子ども」は「少し子ども」という意味ではありません。ということは、「少し、ちょっとだけ」では説明が足りない、ということになります。

また、意味の記述とは別に、ほかの語とのちがいを明確にする必要もあります。賛成する人がたくさんのなかで、反対した人が数人いたとき、「ほんの数人」と「たった数人」と「ごく数人」ではなにがちがうのでしょうか？　どういうときになにが使えて、なにが使えないのか？　「ほんのちょっと」は言えるけれど、「ごくちょっと」と言わないのはなぜか？　用法がちがう類語とのちがいを説明しなければ、そのことばの説明にはなりません。

辞書制作に携わる人々はみな、このようなことを考えてことばの説明をします。なぜなら、あることばは似たことばと連なっており、しかしそれぞれが「別のことば」として生き残っている以上、使う人たちが意識的にせよ無意識的にせよ、役割や意味にちがいがあることを知って使いわけているからです。

みなさんが辞書をひき、「なんでこんなまわりくどい説明なんだろう」と思ったなら、そこにこそ行間、すなわち、「別のことば」とのちがいといった、執筆者が書ききれなかった思いが込められているのです。しかし、辞書とはいえ頁数には限りがありますから、普通はどこかで情報を削《そ》ぎ落とさなければなりません。どの情報を入れて、どの情報を落とすのか。ここに編者の個性が発揮されます。

そんななかで、この『違いをあらわす「基礎日本語辞典」』は、紙面をたっぷり使って、ダイレクトにことばのちがいを説明してくれている極めて貴重な書籍です。通常の国語辞典では、スペースの関係上、また考察不足などにより、差異が明確に書かれていないことばについても丁寧にわかりやすく、ヴィヴィッドに記述されています。

日常的に使う言葉だからこそきちんとした説明が必要なのに、あまりにも日常的だからこそ顧みられなかったことばたち＝「基礎日本語」。

よく使うことばくらいは、きちんと使いこなしたいものですよね。しかし、日本語を色鉛筆に例えるなら、私たちは四十八色どころか、十二色もロクに使いこなせていない状態ではないでしょうか。

この本をほんの数ページ読んでみてください。基本の十二色でどれだけ多くのことが表現できるかということ、また、逆に周辺に似たような色がたくさんあるのに、それぞれをどれだけ使いこなせていないかということも、同時におわかりいただけると思います。

森田先生は、まず『基礎日本語辞典』に掲載すべき、日常的で基礎的な語彙《ごい》「基礎日本語」を、すべての日本語のなかから抽出しました。そしてそのことばの「縦の動き」、つまり、もともとの意味から、現在の意味にどう至ったか、あるいは広がっていったのかを記述しました。同時に「横の動き」、つまり似たことばとの意味や用法のちがいを明らかにしていきました。そのために、ことばが実際に使われている文をひたすら採取し、さらに置き換えが不可能な文などには「なぜこの文では使えないのか」を考察しました（実は、このような、「ある」ものよりも「ない」ものに思考を巡らすほうが数倍難しいのです）。しかも、この考察を深めるために、ご自分が実際に教えた留学生や学生の書いた、まちがった文（誤用文）も大量に集め、説明が必要なポイントを整理していきました。

森田先生は、この気の遠くなるような作業をたった一人で成し遂げられました。このたび、その偉大な成果の一端を「テーマ別」に文庫で手軽に味わえることになったのは、とてもラッキーなことだと思います。驚くべきことに、ここに掲載されている内容は三十年以上前のものですが、すべて現在でも通用する説明ばかりです。ことばは変化するものですが、基礎的なものは本質的には変わらないのだということは、本文を読めばわかります。日本語の骨格を一番骨太にとらえた『基礎日本語辞典』が、現在でもその価値を失わず、むしろ増している のはこういった理由からです。

まずは、本書を手に取り、日本語の奥深さ、おもしろさに触れてください。どのページからでも構いません、

辞典はひくものですが、もしこの辞典のおもしろさに気づいてくれたなら、本書の親本である『基礎日本語辞典』も、一人でも多くの方に「読んで」もらいたいと思っています。

（芸人／日本語学研究者）

あいかわらず〔相変わらず〕副詞

ある事柄の程度が、時間的に隔たっているにもかかわらず、前と同じ程度で変わっていない状態。

分析「その後も相変わらずお元気のこととお喜び申し上げます」「結婚しても相変わらず旧姓で通している」「相変わらずのみごとな出来映え」「相変わらず豪勢な生活をしているな。奴、金が入るとみえる」「駅前は昔と変わらない。相変わらずの人込みだ」「相変わらず人使いが荒い」

「相変わらず」という以上、話し手の脳裏では、過去のある時期の状態を思い出し、それと現在の状態とを比較している。そこに変化が見られなければ「相変わらず」。

ところで「相変わらず」の発想には二種ある。世の中、人生、肉体、何事によらず時の流れとともに変化するものだが、その変化にはマイナス方向への変化とプラス方向への変化とがある。健康で元気な肉体は年を経れば老化し弱ってくる。〝奢《おご》れる者久しからず〟の喩《たとえ》のように、権勢のある者、富める者はやがて権力や富を失う。これはマイナス方向への変化である。一方、幼いひ弱な肉体は成長すれば大きく強健になってくる。薄給の身も栄身出世すれば収入が増える。拙《つたな》かった技術も努力によって練達し、腕が次第に上がっていく。これはプラス方向への変化である。

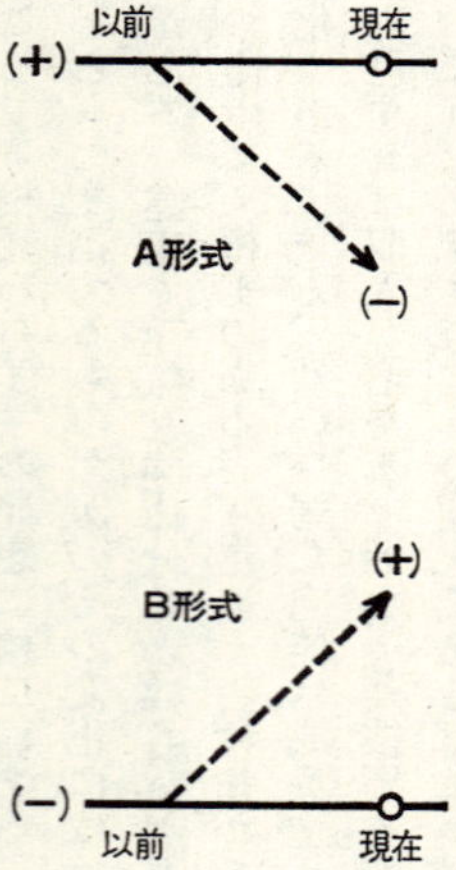

これらプラス・マイナス、反対方向への変化の差は、出発点となる過去のある時期（「あいかわらず」の基準）がいつごろかによって異なる。その時期において、今話題としている事柄の程度がプラスの状態であったか、マイナス状態であったかが、A形式、B形式の分かれ道。その判断は主観的なもの。賑《にぎ》やかな町が二十年後の現在も変わらず賑やかさを保っているなら「相変わらず賑やかだ」と言える。この場合、「賑やかさ」を好ましい状態と考えれば、町がさびれず繁盛している意で、プラス評価。好ましからざる状態と考えれば、雑踏でうるさく、埃《ほこり》っぽく、排気ガスで公害を撒《ま》き散らし、ろくなことがないいやな町として、マイナス評価となる。

さて、プラス状態にあるものは当然、時の経過でマイナス状態へと下落していくものだが、そうはならず過去のプラス状態を維持している。A形式の「相変わらず」である。

「ご隠居様、相変わらずお元気で何より」「奥様は相変わらずお美しいこと」「相変わらず羽振りをきかせている」「相変わらずの繁盛ぶり」

一方、以前はマイナス状態であったものは、時が流れれば、おのずと上向きになり、プラス状態へと浮上していくものだが、それがさっぱり好転しない状態であれば、B形式の「相変わらず」である。

「相変わらずの安月給のぴいぴい」「もう高校生だというのに、相変わらず背が低い」「入門時代とさほど差のない相変わらずの小型力士」「やあ、どうだい／いや、相変わらずさ」「景気は相変わらずの低成長型」「もう三年もアメリカにいるというのに、相変わらず発音がよくないね」「もう中学生だというのに、相変わらずテレビにかじりついてアニメ映画なんか見て」「相変わらずのおっちょこちょい」

「先生、相変わらず××高校で教えてるんですか」「まあ、お久し振り。相変わらず××会社にお勤めなの」のような挨拶は、はなはだ失礼。あれから何年も経ったのだから、もっと出世していて然《しか》るべき、あるいは、もう職を辞して悠々自適の生活が送れる身分なのに、というプラス方向への変化（B形式）を前提とした発想だからである。注意したい。

関連語　**依然として**

「依然として」も、元のままであることを表す点で共通する。ただし、これは動作・様子・態度・状態が固定して変化しない様子を形容し、特にプラス方向、マイナス方向への変化を前提とした不変の状態ではない。

「両力士、水入り後も依然として動かず」「景気は依然として回復しない」「かたくなな態度を依然として改めようとしない」「依然として音沙汰《おとさた》なし」「相変わらず」と違って、「旧態依然たる」の形を除けば、連体法・終止法がない。打消に呼応する。

あまる〔余る〕自動詞

その対象が、必要量やそれをこなす能力の範囲を上回っているため、超えた部分が出る。超えた部分を（意識的に）出せば「余す」。

分析 「余る／余す」の発想の根底には、ある事柄とそれに関する対象との対比観念がある。両者を対比し、事柄の予定する範囲量を対象が上回れば「余る」、下回れば「不足する」。つまり「足りない」状態となる。事柄としては、数量観念を伴うもの、もしくは能力・身分など価値観念を伴うもの。

「三十を七で割ると、四が立って、二余る」「この割り算は割り切れない。〇・〇四余る」「十個のリンゴを三人で分けたら一個余った」「料理を作りすぎて、余ってしまった」「少ない予算なので、幾らも余らない」「バス二台では乗りきれない。十人余る」「金が余るなら貯蓄しなさい」「余った時間を有効に利用しよう」「手に余るむずかしい仕事」「身に余る光栄でございます」「こんな大役、私の力に余ります」

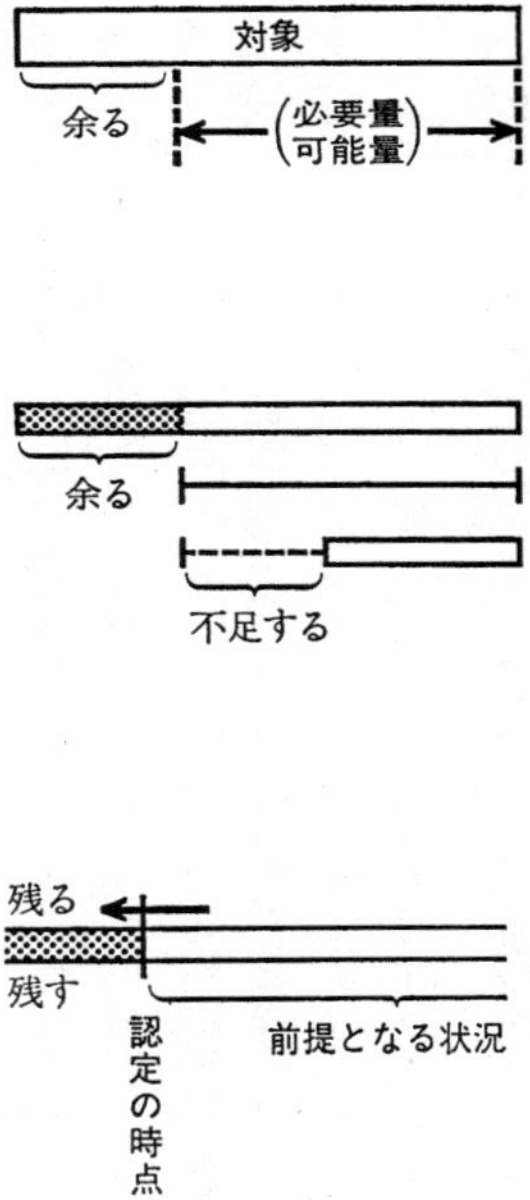

対象との間に量の差があって生じる余剰、または不足の状態は「はんぱ」。半端を出すこと、数学的には端数が生じることも「余る」。

一方、意識的に余るようにすることが「余す」であるが、

「余すところあと五分」

「多すぎて少し余してしまった」のように、行為の結果、好むと好まざるとにかかわらず、多少の量がまだ存在する場合（反意志的状態）にも「余す」が使われる。これは「残す／残る」と共通する面を持つ意識である。「この件に関しては余すところなく（＝残らず）調べ尽くされた」

関連語　**のこる　のこす**

ある行為・作用が行われた結果、そのものが完全にけりがつかないで、引き続きあとま

で存在することが「残る／残す」である。したがって、ある状況のもとでの一定の時間的経過が前提となる。

「残った財産を整理する」「ごみが残っている」「試験の終了時間になったけれど、まだ手つかずの問題が残っている」「残った金を貯金に回す」「遺産は幾らも残っていない」「借金だけが残った」「消え残った雪」「手術の傷跡が残っている」「洗濯屋に出したが、まだ、しみが残っている」「悪名だけが残る」「いやな臭《にお》いが残る」「私は船に残ります。皆さんは避難してください」「夜おそくまで社に残って仕事を続ける」

「残る」事態が生じるには、その時点以前の状況が前提として必ず存在する。「借金だけが残った」は、〝それ以前に何かの行為がなされたその結果〟という前提を踏まえている。「私は会社に残ります」「雪が残っている」も、今まで会社にいた、今まで雪があった、そして、さらに引き続き……、という〝ある場面内における行為や状態の延長〟意識である。

そのため「残る／残す」には、ある状況下での時間的経過観念が伴う。

「残る／残す」と判断し認定するには、認定をどの時点で下すかが問題。これは、かなり恣《し》意的ないしは流動的で、その時点の取り方でずれが生じる。

二十を八で割ったら四残るが、小数点以下の計算をすれば何も残らない。一週間前なら「まだ雪が残っている」だが、一週間ずらせば「残る」と認定することはできない。

「余る／余す」の場合は、必要量・能力の許容量が基準となるため、対象との量差は不動のものであったが、「残る／残す」は、基準点をどこに取るかで状況が動いていく。ビンに一杯あっても、半分あっても、ほんの僅かあっても、みな「残っている」と同列に扱われる。「余る」の場合は、必要量・許容量以上にあるから多すぎる分だけ「余る」で、少なすぎれば「余らない」。「残る」は、必要量とは関係なしに、任意に時間や量を区切り、その時点でまだ元のビンにあれば、すべて「残る　残っている」である。「どのぐらい残しておこうか」とは言えるが「どのぐらい余しておこうか」とは言えない。「余す」は調節がきかない。

「残る／残す」は、基準点以前と以後との量関係から二種に分けることができる。

「小遣いはまだ三百円残っている」「皆帰ってしまったが、私だけは残って仕事をする」

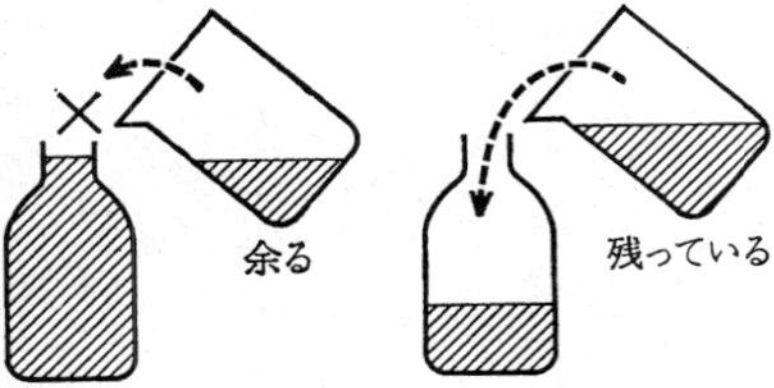

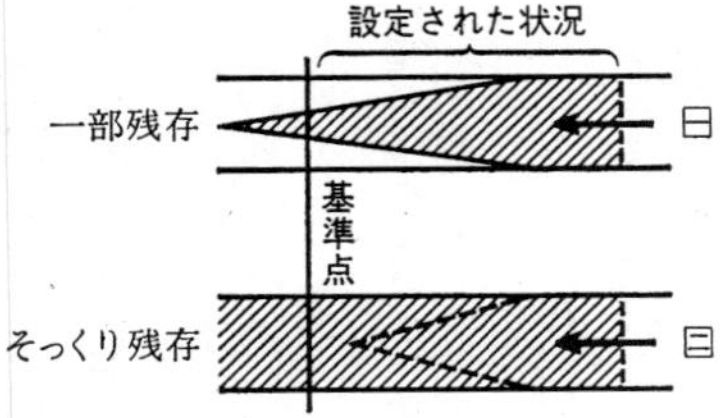

「とても全部は食べきれない。少し残ってしまった／残してしまった」「多少しみが残りますが、よろしいですか」

のように、①以前のすべてが完全にけりがつかず、その一部分が引き続きあとまで存在する場合。

「手つかずでそっくり残っている」「皆残って、十時までに仕事を片付けようじゃないか」

のように、②けりがつく方向へと事態が移る（つまり減少し消滅する）はずなのに、基準点を過ぎても同じ状態が続く場合。

①②とも、基準点以前と以後とを対比し、時間的経過や状況変化という流れがあったにもかかわらず、状況設定当時の状態が一部分（①）、または完全に（②）存続し、ゼロの状態になっていないという認定。

このような発想は「余る／余す」にはない。

「私は帰らないで残ります」「しみが残る」「後世まで残る名作」など、「余る」に置き換えることができない。

「遺産が残る」などは「余る」に言い換えることができるが、「残る」の場合は、〝父が生前にこしらえた財産が、時の変遷の中で増えたり減ったりし、父の死という基準点においてなお存在している〟の意。状況設定と基準点が判断の物差しに使われる。一方、「遺産が余る」は、〝対象たる遺産額を遺族に割り振っていった場合、半端が生じる〟の意。相続権利者という必要量が物差しに使われている。
「ご飯が残る／余る」「金が残る／余る」など、物品の場合はどちらも成立するが、基本の発想に差が見られる。「クラス会をしたとき金が余った」は、徴収総額（対象）と必要額（支払額）との対比であるから、「余る」が可能だが、「去年クラス会をしたときの金が、まだ余っている」はおかしい。

いちじるしい〔著しい〕形容詞

もと「しるし」（＝顕著な状態）から来た語。その状態や、状態変化が、はっきりと目立つほど明瞭なさま。結果的に、状態および変化の程度が大きいこととなるが、程度の甚《はなは》だしさよりも、状況の明瞭さに力点が置かれる。

分析 (1)固定した状態に用いられる場合
「（戦後の）百八十度の社会転換によって、種々の面でそのひずみが現れてきたが、その著しい例として〝教育の混乱〟を挙げることができよう」「この学歴偏重社会において、義務教育しか受けていないということが著しく不利なことは火を見るよりも明らかだ」
現に人々の目に触れている明瞭な現象や、将来必ずそうなっていくことが目に見えている状態などに用いられる。

(2)変化した状態、もしくは状態変化に用いられる場合

「わずか数か月のLL授業で、語学学習に著しい効果が期待できるというのだから、それが本当だとすれば、こんな結構な話はない」「打撃フォーム一つをとっても進歩の跡著しく、その後の打率が常に三割を上回るという事実にもこのことは如実に現れている」「戦後社会における工業の著しい発展、その反面、農業生産の軽視など……」「最近の彼は進境著しい」「最近の若手の研究を見るかぎりにおいては、学問水準はひところに比べて著しく低下していると言わざるを得ない」「そのころの彼は、創作活動といい、演劇活動といい、人に抜きんでるところ著しかったが、最近はすっかり鳴りをひそめ、これといった活動は何一つしていない」

関連語　はなはだしい　はなはだ

「甚《はなは》だしい」は、物事の程度が標準値を遥かに超えていることをいう。それによってマイナス評価の事態になってしまうという意識のときよく用いられる。

「ぼくが怪しいなどとは誤解もはなはだしい」「時代錯誤もはなはだしい」「非常識もはなはだしい」「不合理もはなはだしい」「こじつけもはなはだしい」

「AハBモはなはだしい」の形を、副詞「はなはだ」を使って、「Aハはなはだ Bダ」と

言い換えることのできるのは、形容動詞語幹の場合である。「はなはだ非常識だ」は言えても、「はなはだ誤解だ」とは言えない。

「契約書も交わさず、保証人も立てないということに、はなはだしく不安を感ずる」「一方的な報告書ですますということは、はなはだしく事態をあいまいにさせる」「はなはだしい劣悪な条件のもとで重労働を強いられており……」「はなはだしい時流の変化にとてもついて行けないという有様」「はなはだしい汚れ方」「はなはだしい河川の増水」「はなはだしい疲労に、しばらくは口もきけないほどだった」「油の漏れがはなはだしく、とても運転を続けられるような状態ではありませんでした」「当時はまだ不景気のはなはだしい時代でしたから、すぐに職が見つかるということもなく……」「試験日が近づいても必ず合格するというあてもなく、はなはだしい気のもみようでしたが、幸い知人の紹介でうまく就職でき……」「出血のはなはだしい場合には、それによって死に至ることすらあるほどです」

「著しい」は、その有様が明瞭にとらえられるような事態にしか使えないが、「はなはだしい」は外面に現れない事柄でも、極限の状態にあればかなり自由に使える。そのため「はなはだしい不運の連続」のような例は「著しい」に換えることに無理があるが、「激しいダンプの往来によって、路面のいたみははなはだしい」なら「著しい」に換えても一向に無理はない。「はなはだしい」は〝いたむ率が度を超えて高いこと〟、「著しい」は〝目で見てはっきりとわかるほど、いたんだ結果が現れている〟のである。

副詞「はなはだ」も「はなはだしく」と同じく、物事の程度の大きいことを表す。副詞ゆえ「はなはだしく……する」の連用修飾形と用法が重なる。ただし、形容詞「はなはだしく」は、「はなはだしく……する／……になる」と動詞に係る場合に多く用いられているようで（その他の場合も、もちろんあるが）、形容詞、形容動詞には「はなはだ……い／はなはだ……だ」と副詞のほうが一般に用いられている。「はなはだ……する」と動詞に係る例が比較的少ないところを見ると（「はなはだ……している」とテイル形がほとんど）、「はなはだ」は状態形容に、「はなはだしく」は動作・作用の形容に、という分担ができてしまったのかもしれない。（中止法の「はなはだしく」は考慮外である。連用修飾法についてのみ問題とする）

はなはだ……心もとない、面白い、悪い、少ない、面目ない、やりにくい／不安だ、まじめだ、恐縮ですが……、残念だ、盛んだ／悩んでいる、困っている、汚れている、人をばかにしている／けしからんことだ

はなはだしく……積極的になってきた、心をニヒルにさせる、事が不明瞭になる、事態をあいまいにさせる、解決を困難にする／高慢な態度、高飛車な態度

いつも　名詞　副詞

〝いつでも〟つまり〝どんな時でも〟の意。副詞として用言や名詞述語に係って〝特別扱いの時を設けないで、どんな時でも例外なく同じに……だ／……する〟の意を表し、それがさらに名詞化して〝そのつど同じ状況が繰り返されて、例外のなかった今までのこと〟を指すようになる。

分析1「いつも」を成立させる状況には、①ある条件で限定される場合と、②そうでない場合、と二つある。

①は「……のときは、いつも……」「……すると、いつも……」などの文型をとる。「あの先生のお宅は、電話を掛けるといつもお話し中だ」「彼は電車に乗って腰掛けると、いつも居眠りをする」「午後になると、いつも風が吹く」「私は雨の日はいつもバスに乗ることにしています」「会議のある日は、いつも帰りが遅くなる」「夜更かしした翌日は、いつも頭が重い」「試験のときはいつも早めに家を出ることにしている」「出張のときは、いつもグリーン車を利用する」

〝ある条件・状況が成立すると、その場合は必ず〟である。「話し中だ／遅くなる／頭が重い」のような状態を表す場合も、「居眠りをする／乗る／利用する」のような動作を表す場合も可能である。①の「いつも」は、瞬間的な動作・作用・行為・変化・現象の発生などにも、継続的な行為・作用・状態にも、どちらにも係りうる。

2は、特定の場合に限らず、「年中」もしくは話題の時点の前後のかなり長い期間を漠然と示す。

「ぼくはいつも忙しいんです」「南極はいつも寒い」「彼はいつもいらいらしている」「当地はいつも空気が乾燥しています」「彼は用もないのにいつもうちにやってくる」「梅雨時はいつも曇っている」「委員会にはいつも出てこない」「あの子はいつも何やら独りでしゃべっている」「彼は午前中はいつも読書をしている」「今まではいつも寝る前に体操をした」

恒久的状態や平生の継時的状況を指すことから、状態や継続する行為・作用があとに続く。したがって動詞は「〜ている」形が多い。繰り返される行為・作用には「ぼくは早朝いつもマラソンをする」のように動作動詞がなまで用いられることもある。

分析2 「いつも」は本来、話し手が意識する任意の場合に、対象が例外なく同じ状況であることを指し、それが「いつでも……だ」の気持ちとなる。意識する任意の場合が「いつもいい天気だね」「彼女はいつも奇麗だ」「冬はいつも寒いよ」「このごろはいつも雨ばかり降っている」「梅雨だからといって、いつも降っているとは限りませんよ」「彼はいつも居眠りしている」

のように、ある長い期間（連日）であれば1となり、継続する状態や現象があとに来て、

「年中／常に／しょっちゅう」などの意に近づく。

期間がある特定の場合だけに限定されることもある。〝意識の対象に取り上げる場面に限れば、いつでも〟なのである。

「彼は家に帰るといつも弟とけんかをしている」「私はうちではいつも和服を着てるんです」

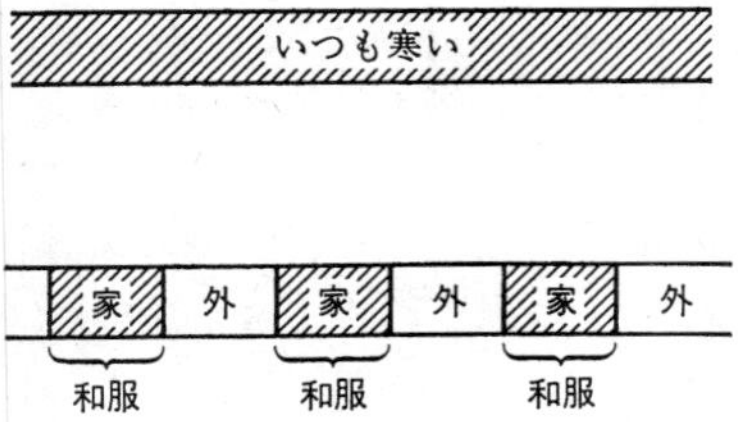

継続動作や状態が瞬間動作に置き換われば、年中意識から毎回意識に変わる。

限定された特定の場合には、〝毎回同じ事態が生ずる〟〝同じ事柄を行う〟の意となる。

「私はうちへ帰るといつも手を洗う」「彼は机に向かえばいつも居眠りを始める」「ポチは主人を見るといつも尻尾を振って走って来る」

〝……したときは必ず〟なのである。条件句の場面意識が消えると〝毎回／毎度〟の意識だけになる。

「朝はいつも七時に目を覚ます」「いつも八時に家を出る」「バスはいつも遅れぎみだ」「いつも子供がお邪魔をしてすみません」「いつもお世話になっております」

助詞を伴って名詞として使用されても、毎度意識は変わらない。

「いつもの番組が今日は野球中継で中止になった」「いつもの店が閉まっているので、わざわざ遠くのスーパーまで足をのばした」

〝毎度聞く番組〟〝毎回決まって買う店（＝買いつけの店）〟である。人間生活に限定すれば、〝ふだんからおこなっていること〟〝毎日の生活ぶり〟である。

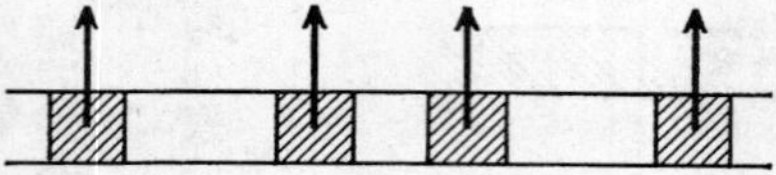

「クラブ活動で登校する人も、いつもの通り制服制帽を着用すること」「休暇中もいつものように規則正しい生活をしなければいけません」「いつもの要領でやれ」「いつもより早く起きないと遅刻しますよ」「いつもは真面目な彼が今日はすっかり羽目をはずしている」「いつもと同じように早く帰っていらっしゃい」「今度の相手はいつもと違う。いささか手ごわい」「女はすこしも刺激を感じない。しかも、いつものごとく男を酔わせる調子で言った」（夏目漱石『三四郎』）

過ぎ去った今までの状態を指す。名詞化することによって「ふだん」の意味あいが濃くなる。

分析3 さて、「いつも」は、次に述べる「常に」とは違って、〝時の切れ目がなく年中休みなく同じ状態が続く〟という純粋に客観的状態を述べた語ではない。「いつも」は〝話し手が対象を認識するときは必ず決まって〟という話し手の主観でとらえた判断である。実際は常によそ見をしているわけでなくても、たまたま話し手が気をつけるたびごとによそ見をしていれば、「お前はいつもよそ見をしている」となる。

「この店はいつも閉まっている」「いつも留守だ」など、話し手がたまたま通りかかったときや、訪れたときに毎回同じ状況が繰り返されれば、「いつも」の発想に合致するが、「常に」ではおかしい。「午前中いつも読書をしている」も、繰り返される行為が休むという例外なしにそのつど必ず行われるので、「いつも」となる。

分析4　③「いつも」が「いつ・も――いつ・でも――年中」つまり、常時の状態を表すところから、「ふだん」「平生」「日常」の意を帯びる。

「いつもの要領で行こう」「いつもはこんなじゃないんだが、今日はどうかしているよ」「いつもながらお見事」「いつもと同じ」「いつもと変わらぬ態度」「いつものやつを頼む」「ふだん」と違い、助詞「も」「から」が付かない。

関連語　ふだん

「ふだん着」と「よそ行きの晴れ着」の対応からもわかるように、「ふだん」は〝特別の場合〟と対応している。ふつうの場合をいう。「ふだんはおとなしい人が、酒を飲むと別人のようになる」

「ふだん」は名詞としてのみ用いられ、副詞の用法を持たない。それだけ体言的性格が強く、動作の形容には使われない。

A　うちではふだん和服を着ている
B　うちではいつも和服を着ている

名詞「ふだん」を用いるAでは〝ふつうの日々は（へいぜいは）〟という体言的性格となり、「いつも」を用いるBでは、〝どんな時でも（年中）〟の意で「着る」の動作性を修飾する副詞として働く。〝その時には必ず……をする〟の意の2の「いつも」は、「ふだん」に置き換えることができない。「うちに帰ると、いつも手を洗う」を「うちに帰ると、ふだん手を洗う」とは言い換えられない。「ふだん」は普通の場合であって、毎回・年中ではないのである。

「ふだんおとなしい人／いつもおとなしい人」「ふだん運動をしている人／いつも運動をしている人」など、直接用言に係る言い方を比較すると、この差は歴然としてくる。「ふだんおとなしい人」は、特別の場合にはおとなしくない人に豹変《ひょうへん》するという含みがあるが、「いつもおとなしい人」は変わり得ない。「ふだん」は特別の場合に対応する普通一般の場合。「いつも」は、特に特別の場合を設けず、どの日もどの場合もすべて同じ状況にある折々を指す。だから、

A　ふだんはしめないネクタイ（を今日に限ってして行く）

B　いつもはしめないネクタイ……
も、Aは〝特別の場合だけしめるネクタイ〟つまり冠婚葬祭用のネクタイをしめるのだが、Bは〝いつもの場合はしめないのに、今回に限って……〟もしくは、〝毎日の日々にはしめることをしなかった（ノーネクタイであった）のに、今日に限って……〟の意となる。

同様、
A　ふだんしめるネクタイ
B　いつもしめるネクタイ
も、Aはふだん用のネクタイ。Bは常用・愛用のネクタイである。特別の時との対応を意味する「ふだんから」は「いつも」では表せない。

「ふだんからの心掛けが大切だ」「ふだんから予習・復習をしっかりやっていれば、試験などこわくない」

関連語　**常に**

「常に」は、年中変わらない状態であること。恒常的な「いつも」②と意味が近い。ある条件のもとに必ず生起する個別的な①は、「常に」で表すと大げさすぎる。

「夏場は常にばてる」とか、「試験のときは常に早く家を出る」「電車で座れると常に眠る」では表現がオーバーだ。

「この辺の上空は常に遅い偏西風が吹いている」はよいが、「午後になると常に風が吹く」ではおかしい。「午後」という特定時間に限ることと、絶えず同じ状態を保つ「常に」とでは矛盾するからである。

「梅雨時はいつも調子が悪い／梅雨時は常に調子が悪い」を比べると、「いつも」は〝梅雨時になると毎年きまって調子を落とす〟で、「常に」は〝梅雨の期間中はずっと調子がよくない〟である。期間を限定すると、「いつも」は、その期間は毎回という繰り返しの続く状態となるが、「常に」は時間の流れに隙間《すきま》がなく、継続していく状態である。

「体には常に気をつけている」「地球は常に休みなく回っている」「自然は常に美しい」「危険はいつ・いかなる場所でも常に存在する」「彼は常に優等生だ」など。

関連語 しじゅう　しょっちゅう

両語とも動作性の語に係り、状態を修飾することはあまりない。静止状態「彼女はしじゅう美しい」などとはあまり言わない。しかし、特殊な例として、動きや変化を前提とした状態「私はしょっちゅう忙しい」「私はしょっちゅうこわいんです」「彼はしじゅう暇がない」などがある。この点「いつも／常に」とは大いに異なる。

「しじゅう休みなく働く」「しょっちゅう貧乏ゆすりをしている」「しょっちゅう催促する」「しじゅうわき見をしている」「用もないのにしょっちゅう遊びに来る」「この地方は

しょっちゅう雨が降る」など、動作動詞にふつう用いられる。「しじゅう／しょっちゅう」は連続行為・作用を表すというより、同じ行為・作用が頻繁に間欠的に繰り返される状態である。その点では「しじゅう」のほうが「しょっちゅう」より連続性が濃い。「しじゅう雨が降る／しょっちゅう雨が降る」「しじゅう休む／しょっちゅう休む」など。

「しじゅう」は「絶えず」、「しょっちゅう」は「しばしば」に近い。「いつも」だと「いつも店を閉めている」で〝年中休業〟。「しょっちゅう店を閉めている」では〝頻繁に臨時休業する〟である。

常に——いつも——しじゅう——しょっちゅう

の順で、連続性・間欠性の密度は低くなる。

関連語 **絶えず**

これは動作・作用が間断なく続いているさま。状態を表す語や、否定の表現には係らない。

「地球は絶えず回っている」「絶えず警戒している」「病気以来、絶えず健康には気をつけています」「絶えず努力をすれば何事も成し遂げられる」「自動車の震動が絶えず響いてくる」「工事現場の騒音が絶えず聞こえる」など。

「絶えず静かだ」とか「絶えず調子が悪い」などの状態には言わない。

いろいろ〔色々〕形容動詞

異なる事物・状態が数多く重なること。事物・事柄が多くの異なる状態を呈することを表す。

分析「いろいろやってみたが、どうもうまくいかない」「いろいろ考えたあげく、結局無理だとわかった」「買いたい物がいろいろ（と）ある」「いろいろと工夫を凝らす」「いろいろの言い方」「いろいろと故障が多い」「今日はいろいろな人と会った」「世の中にはいろいろな人がいる」「いろいろな目にあう」など。

このように「いろいろ」は多くの種類をいう。「虫のいろいろ」のように名詞的用法もあり、同じ虫に属するものの中の多くの種類を指すように、同質のものが数多くある場合にも「いろいろ」と言える。「いろいろやってみた」「いろいろ考えた」「いろいろ苦労した」なども、同種の行為をあれこれとたくさん試みたり経験したりすることである。「種々」もほぼ同じ意味で用いられるが、文章語的で、それだけ用法が狭いのに対し「いろいろ」は口頭語的で、用法が広い。

副詞的用法は「いろいろ／いろいろと」の両形が用いられ、「いろいろに」の形をふつうとらない。連体修飾法は「いろいろな／いろいろの」両形をとる。「いろんな」も意味上は差がないが、連体修飾法だけで、しかも「〜の」の形を持たない。

関連語

さまざま

種類・状態などの多彩さを表す点で「いろいろ」と共通する面を持つ。「さまざま」は、「様」つまり「有様、様子」がいろいろである場合を特に取り立てて述べる語で、ある事物や事柄を観察した結果、幾種類かの異なる様子や状態が見られる場合に言う。「さまざまの苦労を経てきた」「さまざまの服装をした世界各国の青年男女が一堂に会する」「さまざまに変わる美しい空の色」「人さまざまだ」など。

外観に現れる様子に多く用いられ、感覚器官でとらえられる多彩さを言うことが多い。「今日はいろいろな人と会った」のような〝何人も大勢〟という同質のものの数の多さを指す「いろいろ」は、「さまざま」に言い換えることはできない。しかし「世の中にはいろいろな人がいる」のように、人それぞれ性格・考え方などが異なり、〝多彩だ〟という意味でなら「さまざま」に言い換えることができる。「いろいろ」は数の多さと種類の多さの両面を持ち、文脈によってそのどちらかに重点が置かれる。副詞的用法では数の多さに重点を置くことが多い。そのため「さまざま」との言い換えのきかない例が多くなる。「いろいろ頼んでみた」「欲しい物がいろいろある」など連用修飾語は、「あれこれ」「たくさん」の意になることが多く、「さまざま」の〝種類の多彩さ〟とは意味が大きくずれてしまう。

関連語 とりどり　まちまち

「色とりどりの花」「東京は食べ物屋が多く、その店とりどりの味が楽しめます」「とりどりの服装で、めいめいの個性がよく現れている」「人みなとりどりの意見を持っている」など。

種類の多彩さという点で「いろいろ」「さまざま」と似た意味を持つ。ただ「とりどり」には、各々が個性を発揮し、思い思いの特徴・性質・状態を表しているため、みな互いに違っていて、結果的にさまざまな状況を呈していること。〝それぞれが相似的、類似的でなく、個性的で皆ちがう〟という意識。プラス評価の語である。

「まちまち」は、それぞれがある一種類の状態で統一されていないさまである。それぞれが違っていることが、不揃い、不調和であることをいう、マイナス評価の語。対象の同じ状態をとらえるのにも、とらえる側の主観が〝統一的状態をよし〟としていれば、そうでない状態では「まちまち」と考え、〝個々に異なるのをよし〟としていれば「とりどり」と見る。マイナス・プラスの評価を含まなければ「いろいろ」「さまざま」で表される。

「この高校は学生たちの服装がまちまちだ」「世界各国から集まった選手団は、皆とりどりの服装で整然とグラウンドを行進した」「十八世紀の衣装をまとった者、平安時代の風俗を模した者、仮装大会ではさまざまな服装が見られた」「やれ時代劇だ、やれ現代物だと出演に忙しい。今日も一日、いろいろな服装で撮影に追いまくられどおしだった」

うつくしい〔美しい〕形容詞

対象に不純なところがなく、清らかな感じで、人の心を打つ状態に用いる。

分析「美しい」で形容されるものは、視覚、聴覚の面で人の心を打つ状態のものか、人の心を揺り動かす行為や言葉、気持ちなどである。

1視覚的なもの……色、絵、花、顔、女、目、字、朝、空、澄んだ水、風景、眺め
2聴覚的なもの……声、音色、音楽、曲
3精神的、道徳的なもの……行為、言葉、心、愛情、友情

いずれも対象の状態が、〝明るい色合いだ、清らかだ、澄んでいる、優なる感じだ、人の心を打つ〟等の特徴を備えている。視覚・聴覚で感じる美しさは芸術的快感を与える。したがって、絵画、音楽、詩歌などの芸術は「美しい」で形容できる。匂いは「よい香り」で、「美しい香り」とは言わない。また、「美しい」は人の心を動かし感動させる状態なので、いくら清澄でも「美しい空気」などとは言えない。「美しい水」も同様である。

しかし、「美しい湖水の水」「美しい噴水の水」など視覚的に美を感じさせる状態の場合には言える。当然、水道の水や、水溜《た》まりの水にも「美しい」は使わない。この点が「きれい」と異なる。

関連語 **うるわしい**

「麗しい」も「美しい」と共通する面を多く持っているが、これは視覚・聴覚などの狭い視野でとらえた状態ではない。対象全体が一つの場面として我々を包み、その対象に対し我々が好感を覚え、よい気分になるプラス評価の形容詞である。

うるわしい……朝、天候、季節、情景、友情、気分

「ご機嫌うるわしい」「うるわしき春よ、緑に映えて」など、そのもの全体が与える雰囲気、様子、気持ちの快さをいう。体全体で感じ取る美感なので、「うるわしい字」などと言うことはできない。

関連語 **きれい　汚い**

「きれい」は、不純なもの、調和を乱すもの、余計なものが混じってなく、全体が完全で、はっきりと整っている状態に言う。

きれいな……人、女、花、字、色、絵、模様、柄《がら》の着物、飾り

など、視覚的に〝美麗〟な状態にまず使われる。色合いが中間色でなく、明るく際立っている、対応の調和がとれている、といった状態で、「美しい」のように、人の心を打つような芸術性はなくてもよい。この段階の「きれい」はほぼ「美しい」と重なるが、「美しい字」がほれぼれとするような美感を与える字なのに対し、「きれいな字」は均整がとれてはっきりした字であればよい。「美しい」が人の心に訴える面を主とするのに対し、「きれい」は対象の状態を主とする。

「きれい」は、不純な余計物が混じらないという純粋さを一つの柱とする。「きれいな色」「きれいな音」「きれいな声」など、二種の色や音が混合せず、澄んではっきりと感じ取れる状態をいう。特に「明」と「暗」では、明るいほうを「きれい」と感じる。

不純なもの、不潔なものが混じり付着するのが「汚い」である。「汚いだみ声」「泥でよごれた汚い手」「垢《あか》じみた汚い服」など。これと反対の状態である清潔、純粋、純潔を「きれい」と感じる。「洗濯したきれいなワイシャツ」「きれいな皿」「きれいな体」など。「きれい」は物質的な清潔さだけにではなく、観念的な汚れのなさにも使う。「きれいな試合態度」「両選手きれいにブレークする」「賄賂《わいろ》など取らぬきれいな手」「きれいに身を引く」などの場合、〝フェア、公明、潔白〟などの意を帯びてくる。観念的な汚さの場合は、主として「けがれる／けがれた」を用いる。「けがれた身」(「汚い身」とはあまり言わない)など。なお、〝清潔、純潔〟を表す「きれい」は「美しい」で言い換えることができない。

不純なもの、余計な物がくっつかないということは、中途半端ではなく、すっきりと整った状態である。「この整数はきれいに割り切れる」「半端のないきれいな数字」「原稿用紙いっぱいにきれいに納まる」など、ぴったりと整い完成している状態を言っている。先の「きれいに身を引く」なども、〝あいまいさを残さず、態度をはっきりと割り切る〟意で、基本においてこの状態と共通する。

「成績表にはきれいに優が並んでいる」など、余計なものが混じらない状態は、同時に「きれい」のもう一本の柱〝対象の調和〟の面が強調される。「きれいにゼロが並んだ数」「三つ星がきれいに並んでいる」などは配列の美を表している。このような、中途半端でない整った状態や配列の美を表す「きれい」は、「きたない」に置き換えることができない。「割り切れない汚い数」とか「星が汚く並ぶ」などとは言えない。しかし配列や整理整頓の乱れからくる不快さには、「きたない」と言うことはできる。

「本が背表紙を揃《そろ》えてきれいに本棚に並ぶ」「だらしなく本やノートが放り出してあって汚い部屋」

関連語　**きたならしい**

このような不潔、不整頓の「汚い」状態に対する感情は「きたならしい」である。状態性の強い「汚い」に対し、「きたならしい」は即事的感情の色が濃い。「汚い／きたならしい」は「きれい」に対応する面が多く、「美しい」とはあまり対応しない。

うまい　形容詞

古代語「うまし」に由来する語。「うまし」は「うまし国ぞ　あきつ島　大和の国は」（『万葉集』）の例からもわかるように、人間生活の種々の面において物事がじゅうぶん満足のいく状況にあるために起こる精神的・生理的快楽感。現代語では特に味覚に対して用いるが、対象のすぐれた状態から受ける印象はすべて「うまい」である。さらに、物事の進行が当人にとって望み通りの具合よさであれば、それも「うまい」として把握される。反対語は「まずい」で、ほぼ意味的に対義の関係にある。

分析　(1)味のよいことを表す感覚形容詞

飲食物・嗜好品などに対して美味と感じる印象である。

うまい……味、料理、食べ物、飲み物、煙草、米、ご飯、果物、魚、菓子、みそ、酒、ビール、コーヒー、水

など口で賞味する物に対して用いられ、「甘い、からい、酸っぱい、苦い」などの味覚形容詞とほぼ同じ対象領域を持つが、本来うまさを持たない対象（たとえば〝薬〟など）に

は用いられない。口で賞味するいわゆる味覚の対象でなくとも、「空気がうまい」のように用いることも稀にはある。味覚の「うまい」は対義語「まずい」とほぼ対応し、それぞれ同じ対象に「うまい米／まずい米」「うまい酒／まずい酒」と使えるが、「まずい薬」に対して「うまい薬」とはふつう言わない。「この酒はうまくて、悪酔いしない」「うまい酒」「そんなにうまければ僕も飲もう」のように各活用形にわたって用いられるが、副詞的用法「うまく……する」の言い方を取ると、次の⑵の用法に転じてしまうのが普通。「甘い」なら、「豆を甘く煮る」のように、煮た結果が甘いことを表すが、「豆をうまく煮る」とすると、〝うまい味に煮る〟と解するよりも、〝上手に煮る〟の意に解する方が自然となってしまう。その点、「おいしい」は、「豆をおいしく煮る」で、〝おいしい味に煮る〟つまり結果修飾となり、〝上手に〟の意味の行為修飾とはならない。

⑵思考や行動によって生み出される物の出来ばえ・技巧などのすぐれている状態を表す

うまい／まずい……考え、やり方、方法、手（方法の意）、演技、作品、絵、歌、文章、表現、ことば

うまく……作る、描く、歌う、しゃべる、言う、話す、書く、読む、教える、生ける、まねる、似せる、見せる、化ける、踊る、着陸する（などの意思的な動詞）。出来る、仕上がる、煮える、まとまる、切れる、くっ付く、染まる、撮れる、写る、炊ける、焼ける（などの、物事が完了して結果が現れる動詞）。

（わざと）まずく……見せる

いずれもその事をなすのに技術を要し、出来ばえに個人差やむらが生ずる事柄である。そのため、⑵の「うまい／まずい」は「じょうず／へた」とほぼ対応して同義に用いられる。ただし「うまい／まずい」はその出来ばえに接しての精神的満足感や詠嘆の気分の色が濃く、「じょうず／へた」は技巧面での優劣に対する判断の色あいが強い。したがって「うまい／まずい」は結果から受ける主観的印象となり、「じょうず／へた」は意識的な行為に対する技巧の巧拙を考える客観的判断となりやすい。「うまさの目立つ作品」「ますますうまみを加えていった」とプラス評価の印象には「うまい」が使われるが「じょうず」では「上手さばかりの目立つ作品」のようにマイナス評価としてとらえられるのも、意思的な行為に対する分析的判断が「じょうず／へた」には伴うためであろう。「じょうず／へた」には「－み」は付かない。なお、「まずい」は連用形の副詞的用法「まずく……する」の言い方をあまりしない。

「うまい」⑴は飲食物を対象とするのに対し、「うまい」⑵は人間活動において生み出された事物が対象となる。そのため「料理」のような、飲食物であり、同時に人間が作り出したものでもあるような事物は、「うまい」を用いると⑴⑵どちらの意味にもなりうる。この両者を区別するのは文型の差である。⑵は人間によってなされるものであるところから、人間を主体として立てる文では「うまい」は⑵の意味となる。

A、彼の料理はうまい。

B、彼は料理がうまい。

右の文で、Aは「料理」が「うまい」の主体であるため、⑴〝おいしい〟の意味に、Bは「彼」が「うまい」の主体となるため、⑵〝じょうず〟の意味になるのである。

⑶好都合の結果へと事態が進展するさまを表す

「会議をうまく運ぶ」と言えば〝上手に運ぶこと〟⑵であるが、結果へと導かれる道筋が当人にとって都合よくいくという点では、⑶とも取れる。⑵は結果として現れたものが好ましい状態であることをいい、⑶は結果へと進む事態の進展が好ましい方へと向かっているさまをいう。したがって、結果が形あるものとして定着しないものにも使える。

「いつでもうまく行くとは限らない」「うまくいったぞ」「ストレートパンチがうまく決まった」「自分だけうまい事をして、ずるい奴だ」「とんとん拍子でうまく運んだ」

技巧や能力の裏づけを必要としない。事が望ましい結果へと落着することであって、偶然やまぐれの場合も多い。⑶の「うまい」は「じょうず」と言い換えることができない。

「うまい位置にぴったり電車が止まってくれた」「うまいあんばいに、遠足の日は快晴であった」「話がうますぎる」「話がうまく出来すぎている」「うまい金もうけの口がある」「うまく行けばぼろもうけができる」「まんまとうまくだまされた」

「まずい」にも「困った。まずいことになってしまった」「警察が張り込んでいるから今、外へ出るとまずい」「まずい結果」のような用例がみられるが、「うまい」に比べて用例はかなり限られる。「うまい仕事口」に対して「まずい仕事口」とは言わない。また連用修飾「うまく人をだます」を「まずくだます」のように言うことはできない。

関連語　まずい

「まずい」は、「うまい」(1)(2)(3)のいずれにも対応する用例がみられるが、右に述べたように、(3)に対する用例はかなり限定されている。また、(2)の例も、連用修飾法の場合は「わざとまずく見せる」のように意図的にへたに仕上げる場合がほとんどで、「うまく描けたね」のような非意図的な例はあまり現れない。その点「へた／へたくそ」より用例範囲は狭い。

関連語　じょうず　へた

「うまい」(2)に対応する意味を持つ。すでに述べたように、仕上がった結果から受ける主観的印象よりも、技巧の巧拙を分析的に眺める気持ちの方が強い。本来「物の上手」のような語もあるように〝名人〟〝達人〟の意味を持っていた。「へた」も「下手は下手なりに努力すべきだ」のような〝へたな人〟の意味にも用いられる。「へたくそ」(俗語)の形もみられる。

「じょうず」はまれに「こんなに寒くなったのに、じょうずに花をつけているなあ」のように、〝感心にも〟〝不都合にたえて、よくも〟などの意味を表すことがある。「まだ子供なのに、よくもまあじょうずにやりおおせたものだ」〝見事にも〟〝立派に〟で、人間行為について述べるのが本来であるが、先の例のように、人間以外にも用いることがあるのである。行為の巧みさをいうのではなく、実現しにくい事柄が立派に実現したことに感心する気持ちを表すのである。

「へた」は「じょうず」と対義関係を持つ用法のほかに、「へたに手出しをすると叱られるぞ」「へたな事を言って、誤解されたら損だ」「へたに口出しをして他人を惑わせるのはよくない」のように、〝不手際で余計な行為〟を表す例もみられる。

関連語　おいしい

味がよいことを表す。「うまい」(1)にほぼ対応するが、「うまい」が舌先の美味感覚だけでなく、味わい深さ、こくのある滋味をも含めるのに対し、「おいしい」は味覚の良さをさす。「うまさ／うまみ」と言えるのに対し、「おいしさ」は言えるが、「おいしみ」の形はない。「昆布のだしでうまみを引き出す」〝うまい〟という感覚を引き出す味だから〝おいしい〟と思うのである。

おおい　〔多い〕　形容詞

物事の数量が標準や比較の対象を上回る状態。

分析1　「多い」で表される事物には種々ある。

(1)物の数「不良品が多い」「誤字が多い」「駄作も多い」「種類が多い」「年の多い順」
(2)動植物「赤松の多い林」「牡《おす》より牝《めす》が多い」「この一帯は蚊が多い」
(3)人「このクラスは女子が多い」「うちは子供が多い」「落伍者も多い」
(4)金額など「売り上げは、多いときは一億円にもなる」「多く見積もる」
(5)抽象的な事柄「仕事が多い」「この点に関しては問題が多い」「東京は人口が多い」「気が多い人だね」
(6)回数「彼は遅刻が多い」「今年は雨が多い」「失敗も多い」
(7)物の量「梅雨が長かったせいか水嵩《みずかさ》が多い」「熱海は温泉の湧出量《ゆうしゅつりょう》が多い」「経験の多い人」

数量の程度が大きいのが「多い」、小さいのが「少ない」。ほとんどの用例は入れ替えが可能だが、「気が多い」のような慣用句は「少ない」に入れ替えはできない。

分析2　「男／女」「牡／牝」「成功／失敗」「赤松／黒松」のように対応概念をなす場合や、

「地球より火星のほうが衛星が多い」のような比較表現の場合、「多い」は他方を数量的に上回るの意であって、絶対的な多さを意味するのではない。この点が「たくさん」「大勢」「豊富」「おびただしい」などと異なる。「女子が多い」と言っても、大勢いるとはかぎらない。

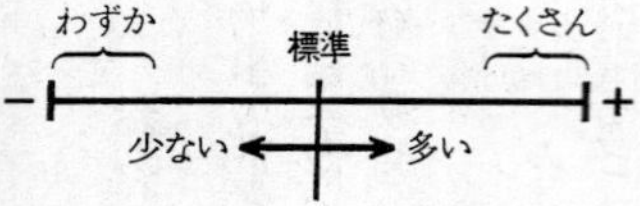

関連語　**たくさん　大勢　豊か　おびただしい**

「たくさん」は、一つ、二つ、三つ……と数えていって、その集合として数量が多いという気持ち。「多い」は程度の大きさを全体的にとらえている。したがって「本が多い」は「本がたくさんある」と言い換えられるが、「人口が多い」は「たくさん」が使えない。

また、「おおい」(6)回数には、ふつう「たくさん」が使えない。「何度も」を用いる。「今年は雨が多かった」は雨天の回数を問題にしているが、「今年は雨がたくさん降った」と言うと、降雨量が問題となってしまう。

「多い／少ない」は標準となるものや比較の対象になるものと比べて数量の程度が上回るか下回るかを述べる語で、絶対的な多さ、少なさを表すのではない。「この時計は石の数が多い」と言っても、たかだか二十数個で、特にたくさんあるわけではない。「多い／たくさん」の対比は、反対語

「少ない／わずか」の対比に相当する。

「大勢」も発想は「たくさん」と同じだが、これは人にだけ用いる副詞なので、(3)以外にはもちろん使えない。最近は「人がたくさんいる」と使うひとがいるが、「大勢」を用いるほうが好ましい。

「豊か」「豊富」は物の量が十分にあって望ましいことだという気持ちが伴う。「多い」には、このようなプラス評価はない。(7)は「豊か」に置き換えることのできる例が多い。なお「多い／豊か」の関係は「少ない／乏しい」の関係に当たる。「おびただしい」は極端に多い場合に限られる。「汚いことおびただしい」「おびただしい寒さ」のような程度を表す例は「多い」「たくさん」に言い換えることができない。

関連語 **多くの**

体言に係る場合、連体形「多い……」のほかに「多くの……」（「多く」＋「の」）の形もある。「多い」は「多いときには……」「多いほうがいい」のように「とき、ばあい、うち、ほう、こと、の、はず」などの形式名詞を続ける場合によく用いられる。普通名詞が続く場合は「多くの人」「多くの国」と「多くの」が用いられる。ただし、「血の気が多い連中」「雨の多い年」のように、名詞句中の述語に立つ場合は、普通名詞に係っていても「多い……」が用いられる。

おおきい〔大きい〕形容詞

標準や比較の対象より体積・面積・高さ・数・程度・規模などが上回る状態。下回れば「小さい」。

分析1 (1)体積「風船が大きくふくれる」「大きいガスタンク」「小さいボール」
面積「大きいプール」「小さい紙」→広い／狭い
高さ「大きい男」「小さい木」→高い／低い
太さ「大きい煙突」「小さい土管」→太い／細い
厚さ「大きい切り身」→厚い／薄い
長さ「時計の大きい針」「小さい鉛筆」→長い／短い
その他「大きい服」「小さい辞書」
(2)数・年齢「億より大きい数」「弟は私より五歳小さい」「小さい誤差」→多い／少ない
(3)程度「大きい値」「小さい声」「小さい音」→高い／低い
(4)規模「大きい……損害、被害、利益、責任、計画、問題、人物、肝っ玉、話」「言うことが大きい」「小さい……火事、戦争、地震」「大きく水をあける」「心に大きくのしかかる」（終わりの二例、「小さい」は不可）

分析2「大きい／小さい」はかなり広い範囲に使うことができる。「地球は月より大きい」「芥子粒《けしつぶ》ほど小さい」のような体積の観念が基本であっても、見かけのなりを問題としている気持ちが強い。「大きい辞書」と言えば、その辞書の体積が大きいことであるが、同時に、表紙の面積（判のサイズ）が大きいことであり、また、数百ページという見かけの厚さを意識しているのかもしれない。この場合、「大きい」は「広い」であり「厚い」である。あるいは見出し語数の多さを指しているともとれ、それなら数量「多い」に相当する。

工場の煙突を見て「大きい煙突だね」と言うのは「太い」とも「高い」とも解せる。「大きい人」は背の高い人、太った人、年の数の多い人、いずれの場合もありうる。「大きい／小さい」を体積・面積・高さ……と割り切ることはむずかしい。

分析3　「大きい／小さい」は、標準に対しての判断と、比較の上での判断とがある。「大きい赤ん坊」とは言えるが「赤ん坊は大きい」とは言えない。しかし、比較して「この赤ん坊は大きい」なら可能。「大きいネズミだ」も、ネズミの標準的な大きさを知っているから言えるわけで、既知の知識を拠《よ》り所とした判断である。「大きいネズミだ」は「ネズミは大きい動物である」の意ではない。

分析4　「大きい／小さい」(1)は、ほとんどの場合、視覚的判断である。象を見て「大きい動物だね」と言えるのは、象の全体像を把握するから言えることで、手さぐりにとらえる部分的理解では「大きい」は使いにくい。

関連語　大きな　でかい

名詞に係る場合、抽象名詞には連体詞「大きな」を用いるのがふつうである。これに対して、「大きい」は具体的な事物に使うことが多い。前者は「大きな……事件、恩恵、感銘、成功、失敗、責任」など、後者は「大きい……家、人、町、ほう」などである。「大きな希望の雲が湧く」と「大きい希望の雲が湧く」でも、「大きな」を使うと「希望」が大きく、「大きい」を使うと「希望の雲」が大きいと解するのが自然である。なお、「青少年に与える影響の大きい事件」のように、主語を受け、全体として抽象名詞に係る場合は、「大きい」が用いられる。

「でかい」は俗語。「でっかい」とも言う。

おおむね　名詞　副詞

「大旨」で、物事の大体の趣旨。そこから「おおむね」つまり〝大概〟〝全体の大部分〟の意へと発展した。⇩おおよそ（五四頁）

分析　1名詞としての用法
「事のおおむねを察知する」「事件のおおむねを知る」「おっしゃりたいことのおおむねはわかりました」「双方の意見はおおむねのところで一致をみた」

事柄の全体ではなく、その大筋のところである。単に割合・比率や数量・程度ではない。〝内容の大わくのところ〟を表す。類義の「およそ」は、「およその事情を説明して了解を求める」のように〝だいたいの大まかな〟という程度の不完全さを表すだけであるが、名詞としての「おおむね」は、すべてとはいかない大体の内容を含めた語である点が異なる。そのため「事のおおむね」とは言っても「おおむねのこと」とは言わない。逆に「およそのこと」は「事のおおよそ」の形で使われる。「おおよそ」は「大略」で、内容を前提としているからである。

②副詞としての用法

「感度はおおむね良好」「選挙の大勢はおおむね決まった」「出された問題はおおむね教場で扱ったものばかりであったので、大部分の生徒が満点を取ったのである」「賛成と答えた者はおおむね配下の党員であった」「基本線ではおおむね一致したが、細部では意見の対立がなお残っている」

副詞として働く場合も数量的内容を含んでいる点に特色がある。感度がおおむね良好なのは、良好さの程度をいっているのではなく、受信する回数中に占める良好さの割合を問題としている。たまに不良な場合もあるが、全体を通してみれば、ほとんどの場合、感度良好なのである。全体中の大部分が「おおむね」である。

あらまし

関連語 「事件のおおむねを知る／事件のあらましを知る」とほぼ等しい意味で用いられる。しかし、「(連載小説の)前回までのあらまし」となると、「おおむね」では座りがわるい。「あらまし」は、名詞として用いる場合は、事件や話などの一応の経過や筋をいうのであって、「おおむね」のような、その底にある集約的な主旨や全体像をさすのではない。ただし、副詞として「事件はあらまし決着がついた」「捜査はあらまし終了した」のように用いると、単に〝ほとんど〟〝およそのところ〟という程度・比率の意識だけになってしまう。

⇩ほとんど(二二二頁)

およそ〔大凡〕名詞 副詞

個々の事例を一つ一つ取り立てて問題とせず、全体をひっくるめて平均的な状況として物事をとらえ考えること。「およそ」の形で副詞に働く。

分析1 「おおよそ」は状態性を形容する語なので、「おおよその……」の形で名詞に係るか、「おおよそ二千人」のように数詞に係るか、あるいは形容詞・形容動詞、または「ている／ない」などを付けて状態化された動詞に係る。直接、動詞に係る場合は「おおよそ分かる」のような状態性動詞か、「これで勝負はおおよそ決まった」のような、事柄の内容に程度概念を含む場合（「おおよそ」は決まる動作に係るのではない。勝負の内容に係る）。「あわてると、おおよそ失敗する」のような動作を表す動詞に係る言い方は、日本語として不自然になるので、こういう場合は「だいたい」を用いる。

分析2　1「およそ人間としてこの世に生を受けて、富も名声も求めないなどという者はいないだろう」「およそ人間はどんな場合でも理性を失って行動すべきではない」「およそこの世の中は、無意味でくだらないことが多すぎる」

「およそ」は、対象を一般的なものとしてとらえる語である。言葉の始めや話を切り出す時に言うことが多い。「およそAは……だ」形式で、Aには一般的で、かなり広い概念の語が立つ。この場合の「およそ」は、〝一般に／総じて／おしなべて／一体〟の意味を持ち、文頭に立つところから、「そもそも」に近い意味としても働く。

「およそ人たる者、親を思わぬはなし」「およそ人間たる者、富を求めざるはなし」のような文語的言い回しも、1には多い。

1の「およそ」は、対象を、特にどの事例として個別的、具体的にとらえず、かなり漠然とした一般的な対象として評価・判断する。

2個々の事例を対象とする場合もその事例の特殊状況を考慮に入れず、全体的な視野から評価し、判断を下す。

「そんなことをしたって、およそ得にはならない」「およそ意味のないことだ」「大学教育なんておよそ実生活の役には立たない」など。

右のように、個別的事例を、全体的見地からこうと決めつけてしまう場合は、多く否定の表現と呼応し、否定を強めた言い方となる。もちろん、肯定に係る言い方も見られる。「およそばかばかしいの一語に尽きる」「そんなこと、およそくだらない」「およそ無意味だ」など。

個別的には逆の判断もありうるかもしれないのに、それを無視して、常識的に一般的な傾向の型にはめ込んでしまう。頭から価値も例外も認めようとしない意識は、結果的に〝全然〟〝全く〟の気持ちを招く。「学士様なんておよそ何の価値もない」は〝一般的に、おしなべて〟の意から〝全く〟〝全然〟の意へと進んでいる。

分析3 「およそ」は本来「およその見当はついている」「およその事は分かる」「およそ二千年前」「およそ三千人」のように、正確にではなく、ほぼそれに近い状態として大ざっぱに把握する気持ちである。

つまり、対象を厳密にとらえ、判断を下すのではなく、四捨五入的に事態をとらえた結果が「おおよそ」「およそ」である。この発想が副詞として働けば、1 2の意識へと発展する。これは「だいたい」にきわめて近い意識と言える。

だいたい

関連語

「大体」は〝全部ではないが、そのほとんど〟を指す語。「だいたい分かった」「予習はだいたい終わった」「事件はだいたい片付いた」「梅雨の間はだいたい雨が降っている」など。

いずれも〝九分九厘〟つまり〝あらまし〟〝おおよそ〟である。この大部分意識がより抽象化すると、〝完全ではないが、ほぼ〟の意味となる。

「だいたいそんなことを言い出したお前のほうが悪い」「だいたいお前の考えがなっていない」「だいたい、どっちが悪いのかよく考えてみろ」「お前はだいたい生意気だ」「電車はだいたい時間どおりに来る」「だいたい定刻で終わった」「だいたいの見当はつく」「費用はだいたい幾らぐらいかかるでしょうか」など。

〝完全な状態、正確な形ではないにしろ、ほぼそれに近い状態〟で物を考える意識である。「およそ」が概数的、平均的状態を初めから考えているのに対し、「だいたい」は事実に近いが、不完全な状態や、近似値的な値を示すところにねらいがある。〝どちらかと言えば、……に近い状態だ〟〝……にほぼ相当する〟という気持ちである。「およそ価値がない」は〝他の一般例と同様、全く価値がない〟であり、「だいたい価値がない」は〝二、三の例外はあるにしても、ほとんどの場合は価値がない〟である。「およそ」は特例を無視・抹殺《まっさつ》し、「だいたい」は特例を認めて、残り九分九厘を考える。⇩おおむね（五一二頁）

おもむろに〔徐に〕副詞

ある行為をあわてずにゆっくりと行い始めること。

分析「本を閉じるとおもむろに立ち上がった」「彼は演壇に立つと水を飲んで、それからおもむろに話し始めた」など。

「おもむろ」は、ある行為に引き続いて次の動作に移るとき、その開始の動作がゆったりとゆるやかな様子である。この場合、動きや始まりのゆっくりな様子を、マイナス状態とは見ないで、むしろ、落ち着いて重々しい態度として評価している。

「おもむろ」が、ある行為から次の行為へと移る動作の開始を前提としているため、単に「おもむろに歩いた」とか「おもむろに挨拶した」などとは言わない。〝……して、それからおもむろに……する〟という場合に限られる。無意志性の動き「ガタンと揺れて、それから列車はおもむろに走り出した」は、擬人法として可能であるが、ふつうは「ゆっくり」などを用いる。

関連語 **徐々に　だんだん　しだいに**

「徐々に」は、ゆっくりなさまを表すが、これは変化を前提とした語。ゆっくりと変化していくような場合に用いる。

「列車は徐々にスピードを上げた」「日が地平に沈むと、辺りは徐々に暗くなってきた」など。

「だんだん」「しだいに」なども、同じように変化のさまに用いる。

「授業はだんだんむずかしくなっていく」「辺りは次第に暗くなった」「列車は次第にスピードを上げていった」⇩だんだん（一六〇頁）

関連語　**ゆっくり**

「徐々に／だんだん／次第に／次第次第に」が、変化を前提とした動きのありさまを述べているのに対し、「ゆっくり」は動作や動きのスピードの遅いことを表す。「もっとゆっくり歩こう」「ゆっくりよくかんで食べなさい」など。

本来「ゆっくり」は、動きの速さではなく、ゆとりのあるさまをいう。「ゆっくり二人が掛けられる席」「広い座敷ですから五人様でもゆっくりお休みになれます」など。

さらに、精神的なくつろぎ「どうぞごゆっくり」「あとでゆっくり読ませていただきます」「ゆっくりしていったらどう」などにも使う。

当然、時間的観念が伴い「歩いていってもゆっくり間に合う距離」「九時出発だから、まだまだゆっくりできる」「ゆっくり時間がある」などとも言う。

さらに、急ぐ必要がないという気持ちが伴い、「ゆっくり時間をかけて考えよう」「ゆっくり時間をかけて選ぶ品」から、動作・動きのスピードの遅さへと意味が広がり、「ゆっくりかき回す」「ゆっくりと流れる大河」「世の中はゆっくりと変わっていく」「銀河系宇宙はゆっくりと回転している」など、種々の意味・用法が現れる。

-がち　接尾語（名詞的）

動詞の連用形やある種の名詞に付いて、あるアブノーマルな状態にややもすればなっていく傾向にある意を添える。

分析 「人に勧められるとつい遠慮しがちなものだ」「調子にのって深追いしがちだが、それがいけない」「とかく人はうぬぼれがちだ」「終始、相手に気おされがちだった」「雨の日が続くと家にこもりがちだが、健康上は好ましくない」「ここのところ電車は遅れがちです」「若い者にありがちな過ち」「つい話が湿りがちとなる」

「はっきりしない曇りがちの空」のように、自然現象は、マイナス状態と人間が考える場合である。人為的な現象でも、おのずと無意識裏にそうなってしまう場合で、やはりマイナス方向へと進む傾きがあるときに用いる。「喜ぶ」は良いことでも、「喜びがち」と言えば〝手放しで喜んでいい状態ではないのに〟という、一見喜ばしい状態に見えて、実はその裏に別の問題が潜むという含みがある。単にそうなりやすい傾向にあるだけなら「-や

すい」「－ぽい」などを使うべきである。⇩－にくい（一八九頁）、－ぽい（二一七頁）

1動詞に付いた例

(1)意志的行為

遊びがち、（自信を）失いがち、（人を）恨みがち、怠りがち、……と思いがち、かばいがち、構いがち、考えがち、暮らしがち、（失敗を）繰り返しがち、加えがち、答えがち、従いがち、しゃべりがち、……しがち（例、遠慮しがち）、叱りがち、（表面を）つくろいがち、出掛けがち、なまけがち、（不平を）並べがち、憎みがち、みくびりがち、（最善を）求めがち、休みがち、（気を）許しがち、喜びがち、忘れがち、笑いがち

(2)自然現象

（若い者に）有りがち、（時計が）遅れがち、（のどが）渇きがち、曇りがち、……しがち（例、不足しがち）、しおれがち、湿りがち、（時計が）進みがち、（不幸が）続きがち、（不平を）伴いがち、……となりがち、ふとりがち、（不幸を）招きがち、（縁談は）破れがち

2名詞に付いた例

雨がち、風邪がち、黒目がち、病気がち、伏目がち

名詞に続く場合は、「雨天／晴天」「風邪の状態／健康状態」「黒目／白目」のよ

うに、対立する二つの状態を対比して、一方（アブノーマルなほう）が他（正常なほう）に比べて占める率が高い傾向にあるとき用いる。

関連語 -ぎみ

「風邪ぎみ」「ふとりぎみ」と「-ぎみ」も〝そのような傾向にある〟の意を添える接尾語である。「-がち」との違いは、「-がち」は〝ある状態に置かれた場合には、ややもすればそうなってしまう恐れがある〟という仮定条件や、「曇りがちの空」のような〝現状がある状態のほうに傾きやすい状況にある〟〝そうはまだなっていないのだが、しばしばその状態に移っていく傾向にある〟の意を表す。要するに、そうでないものがそうなっていく性質を内在させているのである。一方、「-ぎみ」は、「どうも風邪ぎみで調子が出ない」「相手に押されぎみだ」「戦勝気分に浮かれぎみの群衆」「電池が切れてきたとみえて、時計は遅れぎみだ」「ボールは折からの強風に流されぎみだった」「日照り続きで、ここのところ野菜の値段は上がりぎみ」「最近ふとりぎみだ。少し運動でもしようか」

現在そのような傾向・状態が幾分か現れているのである。そのような徴候が外在していると話し手は判断している。あくまで話し手の主観としてその徴候ありと判断し、好ましくないマイナス状態の傾向ととらえている。

かなり　副詞　形容動詞

物事の度合いが、じゅうぶん満足できるほど（または完全な極限状態）までは行っていないが、ある程度の線まで達していること。そのようなレベルにあることを絶対評価の〝平均以上〟ととれば、「かなりの財産家」のような〝非常な〟の意味が生まれる。しかし、本来は「非常な」ほど高い度合いではない。⇩わりあい（二七七頁）

分析1　1条件に反する結果を評価する「かなり」

「勉強しなかったわりには、かなりいい点がとれた」「幼稚園児にしては、かなり大きい子だ」「三十代にしてはかなり白髪《しらが》が目立つ」「留学経験がないにしては、かなりじょうずにしゃべる」「まだ十月だというのに、かなり冷えるね」

のような〝その条件にしては、思いのほか度合いが大きい〟。つまり、〝マイナス条件に反してプラス結果が、それも予想を上回るプラス結果が（あるいはその逆の、プラス条件下でマイナス結果が）生ずる〟という〝そのような状況が実現するのは困難なはずなのに、予想以上の〟という気持ちを表す。〝……の割りには、まあ、ある程度の〟といった「結構……だ」に近い気分である。

意志的な行為の場合は、困難な厳しい条件に対抗して実現させるため、〝予想を超え

〃の気分となる。

「このような前提で結論を出すには、たかなりの無理がある」「つつましい生活の中から、かなり無理をして貯えた金」

②条件に準じた結果を評価する「かなり」

〃マイナス条件だから、プラス結果を導くには当然ある程度の……がある〃という逆接意識に対して、〃マイナス（またはプラス）条件だから、当然それ相応ある程度の……がある〃という順接意識も生まれる。

「さすが北海道の冬だけあって、かなりの冷え込みだね」「海抜三千メートルを越えるとかなり苦しい」「相手が好調なだけに、かなりの苦戦を強いられるものと覚悟しなければなるまい」「年一度の集まりだから、かなりの人数になるんじゃないかな」

その条件が拍車を掛けるから、「かなり」の程度は強まる。「相当の」である。

③条件を伴わぬ「かなり」

文面上は条件部分が現れなくとも、「かなり」の多くの例は、言外に条件を設けている。「かなりいい線まで行ってるね」は、〃……のわりには〃といった気分が前提としてある。「かなりスピードが出るじゃないか」「あれでかなり背伸びをしているんだよ」「見通しはかなり暗い」

みな裏に条件を設定することができる。ところで、「彼はかなり英語ができる」と言った場合、必ずしも「ふだんサボっていたわりには」とか、「中学で勉強しただけなのに」とか、「会話学校へかよっただけあって」といった条件を予想しているとは限らない。「かなり」を含む文脈から条件部分が切り離されることによって、「かなり」は絶対評価となる。〝普通をはるかに上回る程度〟である。

「運転を取りやめたため、かなりの客が駅で一夜を明かす羽目となった」

全体に対する割合意識が底にあり、〝何割ぐらい〟という比率意識を伴っている。〝大部分の〟である。

「町のかなりの部分が床下浸水の被害を受けた」「この食中毒事件で、被害者はかなりの人数に及ぶもよう」「祭りはかなりの人出だった」「かなりのミスが発見された」

これら「かなりの」で形容される名詞には、数量概念もしくは比率概念が含まれている。「かなり経ってから犯人の使用したと思われる兇器《きょうき》が発見された」「かなりして妻は口を開いた」「顎に食らったパンチはかなり効いた」「かなり古い話」「かなり気をつけて見たのですが、やはり見落としがありました」「もうかなり昔のことだ」「梢に近いかなり上のほうに鳥が巣を掛けた」「アフリカといっても、エジプトは赤道のかなり北だ」

④程度の絶対的大きさを表す「かなり」

「被害はかなりの額に及ぶ」は、〝全体の中から被害にあった額がかなりの割りを占める〟という比率意識から〝軽視できぬほど大きな〟の数量強調意識へと移る。一、二、三

……と数えられぬ事柄の名詞があとに来ると、

かなりの……財産家、無理、骨折り、政治家、先輩、都市、兵力、酒豪、組織、スケール

と、それが侮れないほど大きな存在であることを表すようになる。〝非常な〟〝相当の〟に近づく。これは「かなりの＋名詞」文型のとき生ずる意味である。

分析2 「かなり」文型には次の三種が見られる。

(1)、かなりの＋名詞

a、複数の事物を表す名詞（数量・比率を問題とする）

「かなりの人たち」「かなりの時間」「かなりの部分」「かなりのページに誤植が発見された」「かなりの割合」「かなりの地域」

かなりの……量、間隔、ずれ、誤差

b、単独の事物を表す名詞（程度・スケールを問題とする）

「かなりの財産家」「かなりの無理」「かなりの会社」「かなりの組織」「かなりの痛手だ」

かなりの……速さ、スピード、しつこさ、流れ

(2)、かなり＋用言や副詞（程度や量を問題とする）

形容詞……「かなり寒い」「かなり古い話」「かなり速いテンポ」

形容動詞……「かなり元気だ」「かなり真面目な学生」「かなり困難だ」「かなり大量に仕

入れる」

副詞……「かなりゆっくりと走る」「かなりしっとりとしている」「かなりたくさんある」

動詞……「かなりできる学生」「かなり見える」「駅までかなりある」「かなり行くと駅に出る」「かなり働いた」
(3)、かなり＋方向・地点・時点を表す名詞（基準からの隔たりを問題とする）
「かなり東のほう」「かなり右」「かなり上」「かなり沖のほうまで泳ぐ」「かなり向こうだ」「かなり昔の話」「かなり以前」「かなり未来」「まだかなり先のこと」

このように「かなり」は、ある幅——数量や割合、程度、スケールなど——を持った事物を表す語に係り、その規模を限定するのである。はじめから程度が限定されている語、たとえば、「小高い」などには掛からない。「かなり小高い山」とは言えないのである。

関連語 **相当**

「それ相当の待遇」（A相当のB）のように、「相当」は、Bの程度がAに応じているのである。動詞「この罪は懲役三年に相当する」も「AはBに相当する」で、同じ発想である。このAが落ちて、「相当のB」だけで用いられるとA・B間の相対評価が、Bへの絶対評価と変わる。

「停年後も同系列の会社に迎えられて、相当の待遇を受けている」

収入相当の暮らし──→相当の暮らし

〝収入に応じた〟〝それ相当の〟が、〝普通を遥かに上回る〟意へと転化している。こうなると、「相当な／に／だ」と形容動詞化して使える。

「一見紳士風に見えるが、あれで相当な（／の）悪《わる》だ」「相当な反対があることを覚悟して行ったほうがいい」「相当な競争率」「外は相当に寒い」「相当にこなれた英語」「相当に幅を利かせている」

連用形は「に」を落とした形でも使われる。副詞として働く。「そうとう金の掛かった建築」「お盆で汽車はそうとう込むらしい」⇩よほど（二七四頁）、すこし（一一九頁）

「相当」は「こりゃ相当寒いね」「相当ミスがあります」のように、話し手自身の感想や意見、話し手が直接経験したことにも使われるが、多くは間接に得た知識というニュアンスが伴う。

「店を覗いても、実際に買って行く人はかなり少ない」は自然だが、「……買って行く人は相当少ない」では落ち着かない。「相当少ないらしい／相当少ないようだ」のように伝聞や推測など間接的な知識として述べるほうが自然である。

「かなり」はどちらにも使えるが、「相当」は続く語によって、話し手の直接の意見や判断には使いにくい場合がある。

「実入りはかなり多い／相当多いらしい」「試験はかなりむずかしい／相当むずかしいそ

うです」「かなり奇麗だ／相当奇麗だとのこと」「かなり賑やかな町／相当賑やかな町らしい」「電車はかなり込んでいた／相当込んでいたそうだ」「今日はかなり働いた／あんなにぐっすり眠っているところを見ると、相当働いたにちがいない」

「今日は相当働いた」とは言いにくい。話し手の直接体験の場合は「ずいぶん」「とても」などのほうが自然なようである。それだけ、程度としては「相当」のほうが「かなり」より高いのであろう。量を問題とする場合、「かなりたくさんある」を「かなりある」に変えると、量に差が出てくる感じだが、「相当たくさんある」は、むしろ「相当ある」と言い換えたほうが自然である。「相当」に「たくさん」の意味が含まれているところにも、「相当」の程度の高さがうかがい知られる。

きつい　形容詞

強く締めつけて自由に動けるだけの肉体的、精神的、空間的ゆとりを与えない状態。

分析1　1する者とされる者の関係に立つ「きつい」

「きつい寒さ」「きつい仕事」「きついお達し」「きつく咎《とが》める」「きつく叱る」などは、「自分にとってきつい仕事」「相手に対してきつく咎める」のであって、「寒さ、仕事、お役人」などの上位者と、それを身に受け止める下位者との対立関係にある。その下位者がそれに縛りつけられて辛いと感じるような状態が「きつい」で、受け手の側に立った語である。このような「きつい」は「厳しい」との言い換えが可能である。しかし、「厳しい」は、情け容赦のない極端な状態であることを表すだけで、特に受け手側に立った認識ではない。「きつい職場」は、受け手側にとって耐えられないほど苦しく辛い職場であり、「厳しい職場」は、職場が厳格であることである。受け手がそれをどう受け止めるかは考慮外である。

分析2 ②性質・有様を表す「きつい」

「厳しい……先生、規則、判定、採点、警戒、見張り」なども、そのものの在り方が手加減のない極限状態にあることを示す語で、下位者がそれを受け止めたときの感覚ではない。「きつい警戒」という言い方はできないと思う。「あの警戒はきつかった」と言えば、警戒の厳しさではなく、警戒に当たった者（下位者）の仕事の辛さである。

上位者・下位者の関係を取らない。「きつい……態度、言葉、顔、目つき、性格」など、相手に行動の自由を与えないような強さを持つという発想から〝気の強い、しっかりした〟という意味が生まれる。どの例も「厳しい」への言い換えはできるが、「厳しい」を使うと、物事を大目に見ない、適当を許さぬほどの厳格さとなってしまい、意味が異なってくる。

分析3 ③物と物との接触、組み合せにおける「きつい」

「きつい……靴、帽子、服、ドア、ねじ」「三人掛けはきつい」「きつく抱きしめる」「ベルトがきつい」「ひもをきつく結ぶ」「きつく縛る」など、物の中に物がはめ込まれる、物の周りに物が巻き付く、または巻き付けて組み合わせるというような場合、内側に位置するものが外側に位置するもののサイズより大きいとか、無理に締めつけて一方が他方に食い込むほど両者の間に隙間・ゆとりがなく、動きの自由がない状態。内側に位置するほうの側から見た個別的感覚である。「きつい靴」は、履き手個人にとってきついのを、靴の属性の一つとしてとらえている。同じ属性でも、「赤い靴／新しい靴／安い靴／尖った靴」は兄が見ても弟が見ても同じだが、「きつい靴」は兄には成り立っても、弟にとっては「ゆるい靴」かもしれない。「きつい」が「ゆるい」と対義関係をとるのは3の場合だけである。

関連語　**かたい**

「きつい」が「きつく縛る」のように動詞に係るのは、個別的動作を言う場合に限る。その物の属性としてとらえる「きつい靴／きつい服／きついドア」のような場合には、「靴をきつく履く」とか「服をきつく着る」とは言わない。一方、「ひもをきつく結ぶ」「ベルトをきつく締める」という言い方ができるのは、その結び方、締め方がきついのであって、ひもやベルト自体がきついという性質を持っているわけではないからである（きつく結んでも、きついひもとは言わない)。だから、きつく結ぶことも、ゆるく結ぶこともできるわけである。

このような個別的動作の「きつく」は「固く」と置き換えることができる。ただし、「固く結ぶ」「固く縛る」は〝しっかりとほどけないように〟という結合、組み合わせの完全さを表し、「きつく」は〝力を入れて食い込むくらいに〟という、隙間や動きの自由が全然ない状態を表す。「かたい」は変形しにくい状態、すなわち結び目が崩れない状態を、「きつい」は空間的ゆとりのない状態、すなわち相手の動きの自由を奪う状態を考えている。

くわしい 〔詳しい〕 形容詞

ある対象に対して全体をおおざっぱに眺めず、部分部分の細かい点までも(説明・質問・知識などの)問題意識が念入りに深く行き届いている状態。また、行き届いていること。

分析1 「詳しい」には、二つの文型がある。

1 Aガ詳しい/詳しいA

2 AハBニ詳しい/Bニ詳しいA

①は〝細かいところまで尽くしている〟意の「詳細」「精細」などと近く、Aの部分には「地図、辞書、設計図、表、グラフ」など書かれた物や、「報告、説明、内容、発表、情報、知識」など詳しさを持つ事柄が来る。

「詳しい」①は、何かを知る、または知らせるための手段としての細かさなので、地図や辞書や、説明、案内、質問などについては使えるが、いくら細かい写実的な美術作品でも「くわしい絵」「くわしい彫刻」とは言わない。美術は内容を伝える手段ではないからである。しかし、もし、何かを相手に伝える意図で描かれた絵なら、「くわしい犯人の似顔絵」のように「詳しい」を使うことができる。

①は伝達・理解の手段なので、文字や図面・表で書かれたもの、言葉として話される行為に対して多く使われる。実物の細部まで忠実に模していても、模型や模造品は情報伝達の手段ではないから「詳しい」とは言えない。

分析2 「詳しい」②は〝よく知っている／その方面の知識が豊富だ〟の意を表す。「AハBニ詳しい」の文型において、ある知識を特殊能力として発揮できる「人間」がAに、発揮される「対象や分野」がBに来る。「ニ」は「ニツイテ」である。

関連語

こまかい

「詳しい説明／細かい説明」「詳しい注意書き／細かい注意書き」「詳しく調べる／細かく

調べる」のように、両語は類似した内容を表すことがある。ただし、「詳しい」には内容の深い部分にまで立ち入って克明に触れるという気持ちがあり、「細かい」には、内容の一つ一つを丹念に取り上げて触れるという気持ちがある。「詳しい」は、何かを知り知らせる手段として行う場合に限られるので、「細かい心づかい」「細かいことを気にする」などの例は「詳しい」で言い換えることができない。

ごく〔極〕副詞

状態の程度が極端な度合いであることを表す。価値のプラス状態、マイナス状態ともに例が見られるが、マイナス状態のほうが例が多い。

分析1 程度が極度の状態であることを表すところから、「ごく」で修飾される語にはおのずから制限がある。

(1)時や数量や価値面で、もともと程度がマイナスに片寄った状態を表す語に係る。その片寄った状態がさらに極限状態にあることをいうのである。

細かい／粗い──→ごく細かい砂／ごく粗い砂

程度の片寄りを示さない語、たとえば、「黒い、四角い、丸っこい、等しい、ない」などには係らない。

「煮たてた湯にごく少量の砂糖と醤油《しょうゆ》とを加えます」「ここにあった民家は特別に古いものでもなく、また貧しい人の住まいでもない。いわば封建時代の田舎では、ごく普通の家であった」「相手に何ら害を与えない、ごくたわいない嘘なんです」

⑵程度の軽いことを表す語には当然係らない。「ごく小高い山」とか、「ごくほの暗い明け方」などとは言わない。

⑶「ごくぜいたくな品／ごく粗末な品」「ごく高価な品／ごく安価な品」「ごく稀な現象／ごくありふれた現象」など、プラス・マイナス両極端に係る例もあるが、多くはマイナス側に係る。「ごく早い時期に適切な治療を施せば完治する病気」を「ごく遅い時期に……」とは言いにくい。早い側は、病気の開始点というゼロから始まるゆえ、「ごく早い時期」と言えるが、遅い側には終了点がない（もしくは不明の）ためであろう。

「ごく最近の出来事」「ごく間近に迫る」「ごく数人」など、反対側の極が不定のため、「ごく～」の言い方を欠く。

「ごく単純な問題」「ごく小さい粒」「ごく新しい下着」「ごく浅い川」

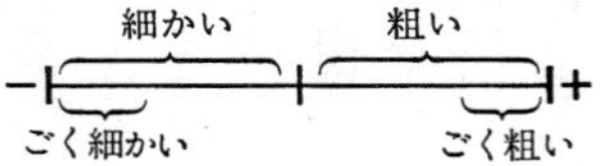

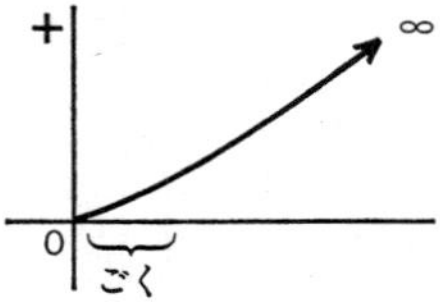

分析2　同じ形容詞でも、文型によって絶対的価値ともなれば相対的価値ともなるが、「ごく」で示される状態の程度は絶対的な価値を表す。「ごく小さい服」と言えば、洋服としては極端に小さいもの、SSサイズの絶対的小ささである。これを相対的価値に変えて、「弟には大きい服だが、兄には小さな服だ」のように言う場合、「兄にはごく小さい服だ」とは使えない。

分析3　「ごく」で修飾される語として、次の種類がある。

形容詞　ごく……近い距離、つまらない物、親しい間柄、おとなしい人、新しい魚
名詞　ごく……近くにある店、小人数で行く、少数のクラス、最近の出来事
形容動詞　ごく……僅かだ、間近に迫る、稀に起こる、上等な品、平凡な作品、巧妙な手口、大ざっぱな見積もり、例外的な事件
動詞　ごく……優れた論文、ありふれた品、似通った事件、限られた場所、年老いた男、あっさりした味
副詞　ごく……ゆっくりと走る、たまに痛む、はっきりと思い出す、のんびりした毎日、やんわりと諭す

いずれも状態を示す語である。動詞も、いわゆる動作性の動詞ではなく、状態性の動詞で、しかも「……した＋名詞」の形で用いるか「ごく似通っている」「ごくありふれている」のように「ている」形で状態表現を行っている。名詞は、距離・時・数を表す語、つ

まり程度状態を表す語に限られ、一般の名詞には係らない。こう見てくると、「今日はごく働いた」とか「ごくマンモスの大学」「ごく毎日」などとは言えないことがわかる。「ごく」は程度性を含む状態の語に係って、その程度が著しいさまを表している。

関連語　ほんの

連体詞「ほんの」も程度の極端さを表す語に係る。ただし、もっぱら数量の少なさ（マイナス方向）を表す語で、「ごく」のようなプラス方向の表現を持たない。「ごく上等の品」「ごく上品な味」「ごく親しい間柄」と、「ごく」は良い面での程度の高さにも使え、「ほんの」とは使用範囲の面でずれが見られる。「ほんの」には次のような用法が見られる。

1 数量の少なさを表す語に係る。

(1)少数・少量を表す名詞に係る

「それはほんの数分間の出来事だった」「出席の返事をよこしたのは、ほんの数人にすぎなかった」「ほんの微量でも致死量を上回る」「塩をほんの少量加えます」

(2)少数を表す数詞に係る

「ほんの一、二分間ですみますから我慢してください」「ほんの二、三人の少人数制クラス」「家からほんの十メートルほどの距離」「まだほんの二、三歳の子供だ」「ほんの一口ですが、どうぞ召し上がってください」「ほんの一、二杯口にしただけで酔ってしまった」

絶対的な小ささではない。話題によって「ほんの」のスケールも拡大する。

「その後、被子植物の時代となり、鳥類、哺乳動物《ほにゅうどうぶつ》が発生したが、これはほんの一・五億年ぐらい前にすぎない」「二〇〇万年にもおよぶ人間の歴史の中で、食物生産の道を発明したのは、ほんの一万年前にしかすぎない」

(3)少量を表す副詞

「ほんの僅かわからないところがある」「ほんのちょっとでいいから僕にも見せて」「ほんの少し誤りがある」「ほんの少々残っております」

これらはいずれも量概念を内に持った語である。「ほんのちょっと我慢してね」なども〝ちょっとの間〟で、やはり量意識が根底にある。数や量の少なさは、その対象がスケールとして取るに足りないほど小さいもの、一般標準から見れば問題にならないほど軽い存在であることを表す。そこから〝その名に値しないほどの〟〝一個の存在として認め難いほどの〟〝子供だましのような〟〝実が伴わぬ〟などさまざまの副次的意味を添えるようになる。

②名詞に係って〝取るに足りない〟意を添える。

「まだほんの子供だ」「ほんの犬小屋ほどの家」「ほんのお礼のしるしまでに粗品をお送り申し上げました」「ほんの名ばかりの会社」「ほんの形ばかりのお礼のあい

例	品詞	ごく	ほんの	たった
～あっさりした味	動詞	○		
～優れた作品	動詞	○		
～上等の品	名詞	○		
～初期の作品	名詞	○		
～親しい関係	形容詞	○		
～おとなしい人	形容詞	○		
～ゆっくりと走る	形容動詞	○		
～例外的な事件	形容動詞	○		
～粗末な品	形容動詞	○	○	
～僅か足りない	副詞	○	○	
～少し足りない	副詞		○	
～二、三人	数詞		○	○
～十メートルほどの距離	数詞		○	○
～数分間の出来事	名詞		○	○
～子供だ	名詞		○	
～おしるしまで	名詞		○	

さつをする」「ほんのおしるしまで」「これはほんのお口汚しです」形容動詞にも係る。「ほんの粗末な品でございますが、ご笑納ください」

「ほんの」は、数や量に根ざす規模の小ささを表す語や、質の低さを表す語に係って、価値的に不足している、マイナスレベルの評価を表す。「ごく」のような状態の程度の甚だしさを表す用法を持たない。「ごく」は形容詞に係って「ごく近い所」と状態性として表すが、「ほんの」は「ほんの数分の所」「ほんの二、三分の所」と数量概念として表現するのである。⇩たった（一四八頁）

なお、文体的には、「ほんの」は「ほんの……少し／ちょっと／少々／わずか」と、どの段階にも使えるが、「ごく」は「ごく……少々／わずか」のような固い改まり表現に多用され、「ごく少し」とか「ごくちょっと」のような、普通体での使用は熟さない。

-ごと〔毎〕 接尾語（名詞的）

「ごと」は、事物を総体としてとらえず、一つ一つ区別してとらえ、その別々の個々をもらすことなく認識していくこと。名詞、数詞に付き、多く「に」を伴って（「の」「で」を伴う例も見られる）用いられる。

分析1 「朝ごとの勤め」「新聞を家ごとに配る」「通る人ごとに声を掛ける」「班ごとに課題を決めて研究する」「学年ごとに鉢巻の色を変える」「止まる駅ごとに開くドアの方向が変わる」「出掛けるたびごとに金を持ち出す」

「ごと」は「得票数ごとに候補者をふり分ける」のように、別々の個を一括もしくは一様化させ、一つ一つ区別して対象にすえるのである。

1 一つ一つ（または一回一回）切り離された個を一つの単位としてとらえ、その一つ一つに対してある事態を起こす。

「候補者は会う人ごとに頭をさげている」のように、〝どの人も例外なく同じように〝すべての人にそれぞれ〟同じあしらいを分け隔てなく行う場合と、「対戦相手ごとに作戦を変える」「入場式は国ごとに服装が異なり、それぞれお国のカラーを出していた」のように、一つ一つ異なる状態の場合とがある。これは、「ごとに」のあとに続く叙述内容によって生ずる意味の違いである。

「会う人ごとに笑顔をふりまく／会う人ごとに色の違うカードを渡す」

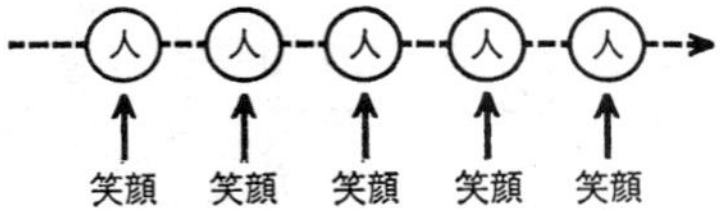

前者はすべてに同じ扱いを、後者はそれぞれ異なる扱いをするのである。このような、繰り返し起こる事柄の場合には、各回が一様でなく、一回一回そのつど状況が動いていく事態も生じてくる。〝それが繰り返し起こるたびに〟である。

「日ごとに春めいてくる今日このごろ、皆様におかれましてはお変わりもございませんか」「一雨ごとに秋が深まる」「相手は試合ごとに腕を上げてきているから、油断は禁物だ」

試合から次の試合までの期間を一単位として区切り、その一つ一つが終わるたびに変化（実力のアップ）が起こるのである。「ごと」には、

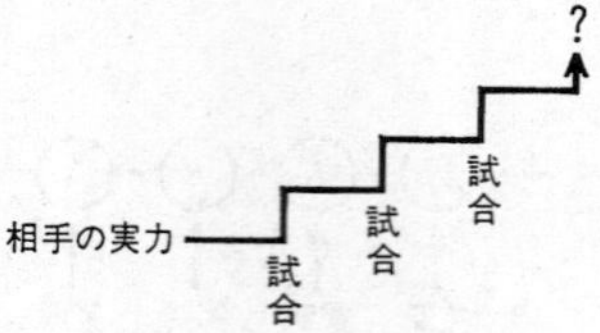

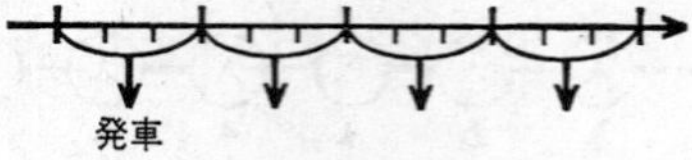

このように、

②連続したものを一定の単位で区切って、その都度ある事態となる（または、ある事態を起こす）意識がある。その区切られた各単位は〝全体〟に対する〝個〟として一まとまりのものと考えるのである。

分析2 「ごと」が数詞に付いた場合も、②と同じ意識である。

「三日ごとに雨が降る」「十人ごとに改札をストップする」「四時間ごとに体温を計って記入してください」「五十分ごとにチャイムが鳴る」「一キロ（走る）ごとに針が一目盛りずつ動く」

動詞の連体形に付いて「電車が通るごとにブザーが鳴って知らせる仕組み」のような言い方は、現在では「電車が通るたびに……／たびごとに……」と「たび」を使うのが一般のようである。〝断続的に反復される瞬間動作の起こるつど〟の場合である。

一方、数量概念を伴う「ごと」は、連続していく事柄に対して、その決まった数量を単位にして順次区切っていき、その各々に対してある事態が与えられていくことを表す。結果的には、各々の区切れの個所において一定の事態が成立していくのである。「三分ごとに電車が通る」は、〝三分間隔で〟であるが、基本は、三分間を一つの単位として時間を区切り、その各三分間ごとに発車本数を一本ずつ割り当てていくという発想である。「補助券十枚ごとに一本ずつくじが引けます」「参加賞はクラスごとに一括してお渡しします」のような数詞や名詞に付く例と同じ発想である。〝十枚単位で〟〝クラス単位で〟なのである。「三分ごとに」も〝三分単位で〟つまり時間を三分間という尺度で切っていく発想である。

関連語　―おき

「三分おきに発着する過密運転」「先生は一人おきに順に当てていく」「三日おきに病院に通っています」「一駅おきに止まる」のように、「おき」も数詞に付いて「ごと」と似た意味を表している。「おき」は〝間《ま》を置く〟ことで、幾つも並び続いている状態に対して、任意の個所から次の個所までの隔て。当然、等間隔でいく。

「おき」には二つの発想がある。

①距離や時間など線条的に継続したものが一定の長さずつ隔てをおくこと。

「一メートルおきに球根を植える」「五十メートルおきに電柱を立てる」「一時間お

きに時計が鳴る」「十分おきに電話が鳴る」「オリンピックは四年おきに開催される」

本来、区切れのない連続性のもの（距離と時間）を仮にその長さで切っていくのである。区切りめは〝点〟意識であって、長さの観念がない。このような発想になるのは距離（ミリ、センチ、メートル、キロなど）と「秒、分、時間」である。「ごと」と内容は一致する。

1mおき

2mおき

②一まとまりになった個々が連鎖的に並ぶとき、任意の一つから順次につぎのものへと一定数の隔てをおくこと。

「あの力士は一日おきに負けている」「三週間おきに当番が回ってくる」「柿は一年おきによい実がなるんだよ」「一か月おきに刊行される雑誌」「二駅おきに停車します」「三人おきに先生に当たった」

これらは①と違って、はじめから個々の断続である。同じ時間観念でも「一週間おきに気温を測定してグラフに書き込む」と言えば、一週間という長さで刻む①の発想。「一週間おきに当番週が回ってくる」と言えば、一週間という単位が一つのまとまりとして順列し、該当週が一週間おきに存在する「隔週」なのである。

「隔日、隔週、隔月、隔年」と言えるものが[2]の時間単位として成り立つ。〝一年ごと〟つまり、毎年の[1]と、〝二年に一ぺん〟つまり、隔年の[2]とがある。後者は「柿の当たり年／はずれ年」のように、一年間を単位的なものとして眺めていく場合である。「毎日、毎週、毎月、毎年」を表す[2]はあり得ない。

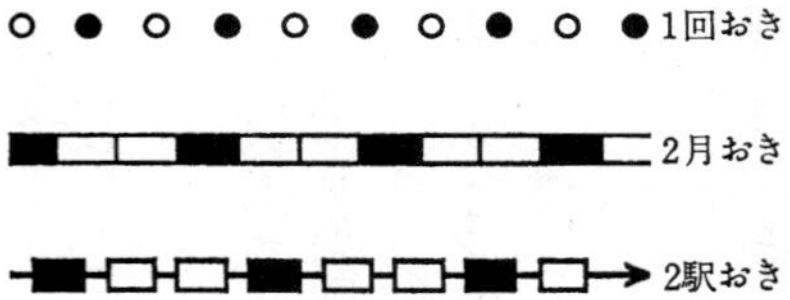

関連語　**たび**

形式名詞「たび（度）」は、「名詞＋の」か、動詞連体形の被修飾語として使用される。

「旅行のたびに服を新調する」「見るたびに様子が変わる」「出掛けるたびに着物を替える」「発車のたびにベルを鳴らす」「台風が来るたびに大きな被害を出す」

「彼女は会うたびごとに美しくなっている」と「ごと」を伴う言い方もある。〝行為や事柄の起こる折ごとに必ず〟で、特に等間隔で起こるとはかぎらない。事態が生起すれば〝そのつど〟〝毎回〟である。「ごと」「おき」と違って、間を飛ばすときには使えない。「三たび／四たび」のような数詞に付く例は〝回数〟を表す使い方で、意味が異なる。

関連語 ーぶり

「久しぶり」のように、以前に生起した事柄・状況がある期間を置いて再び生起すること。もしくは、以前の状態に戻ること。一回限りのことで、繰り返す意識はない。時間を表す数詞（および疑問詞）に付く接尾語で、その期間を隔てて再び元の状況に回復することを表す。「十日ぶり」と言えば、十日前に起こった事柄や十日前の状態が、その間一度も生じなくて、十日めにやっと生ずるのである。「一」の数でも、下位単位を予想できるときには使用できるが、「分」「日」には普通使わない。「一時間ぶり、一週間ぶり、一か月ぶり、一年ぶり」なら可能。「二」以上でも「秒」「分」にはまず使用せず、「日」も「二」以上の数のときである。それだけ「ぶり」には〝やっと〟〝ずいぶん待たされたが〟〝待ちに待った〟の気持ちが伴うのである。

「五時間ぶりに救出された」「一週間ぶりに意識を回復した」「一か月ぶりに休暇が取れた」「日食を見るのは何年ぶりだろう」「もし予報通り明日雨が降れば、実に一か月ぶりの慈雨ということになる」「来月帰国する。実に五年ぶりの里帰りである」

のように未来のことに用いた例もあるが、過去のことや完了したことに用いる例が多い。

－ごろ　接尾語（名詞的）

時期・時刻を示す語に付いて、その「時」をぼかし、およその「時」である意に変える。〝だいたいその時分〟〝だいたいその時前後〟である。

分析1 「八時ごろ」「十月ごろ」「昼ごろ」「来週ごろ」と時を表す名詞に付くほか、「いつごろ」「何時ごろ」「何月ごろ」のように不定疑問の副詞や名詞にも付く。「近ごろ」は一語である。用言の連体形に付く「私の若いころ」「もうそろそろ産まれるころだ」などは「とき」に相当する形式名詞。「ころを見はからって出掛ける」のような「ころあい」「時機」に当たる例は普通名詞としての用法である。

「ごろ」は「確か昭和十年ごろ死んだんですよ」のように、それのみで副詞的用法となるが、この用法は「に」を伴って「昭和十年ごろに……」とも言える。「火曜ごろになる／火曜ごろにする」と「なる／する」の続く場合には、「に」を落とすわけにはいかない。他の助詞がさらに添う場合には「月末ごろまでに／ごろまで」「月末ごろからに／ごろから」の両者で意味に差が生じるので注意。

分析2 「ごろ」の付く語には制限がある。

(1)近い過去を表す語「きのう、昨日、ゆうべ、昨夜、昨晩、今朝……」などには付かない。「ごろ」はおよその時を推定的に述べることばであるから、あまりにも近い過去は不確かな「ごろ」では矛盾する。指定される「時」の前後を含めて「ごろ」で表されるのであるから、「きのうごろ」では〝たぶんきのう、あるいは、その前後のおとといか今日も含めて〟で、表現している当日まで推定の範囲に入ってしまうのである。「おとといごろ日本に着いたんじゃないかな」「たぶん一昨日ごろ来日されたのではないかと存じます」と、「おととい」以前には用いられる。遠い過去は、不確かな事柄なら使える。「昭和十年代のなかばごろ」「たしか一九三〇年代ごろに勃発したんだと思う」「奈良時代ごろ日本に伝わったものです」「確か去年の九月ごろだったと思うよ」「室戸《むろと》台風が上陸したのは昭和九年の九月の下旬ごろじゃなかったかしら」「先月ごろから急に野菜の値段が上がりだした」は言えても、「彼が渡欧したのは先月ごろだ」は不自然。渡欧といった、はっきりした事実は「先月」では（月単位の場合は）まだ記憶に新しすぎるからである。同じ「先週ごろ／先月ごろ／去年ごろ」でも、事柄の内容によって言える場合と不可能な場合とがあるのである。また、「先月ごろ」は不自然でも、「先月の十日ごろ」と日単位の場合なら不自然とはならない。

(2)現在を表す「今日《きょう》」には付かない。現在を含む「今週、今月、今年」は「うちの犬も、もうだいぶ腹が大きくなったから、そろそろ今週ごろが危いぞ」と、極めて不確かな事柄の場合に限り使うこともあるが、普通には用いない。「今」は「今ごろはホテルに着いて、シャワーでも浴びてることでしょう」「去年の今ごろは入試をひかえて青息吐息だった」

と、距離的・時間的に離れた事柄に対して推定もしくは回想として用いる。

(3)未来を表す語には原則として付き得る。未来は未定のこと、不確かなことだからである。「今晩、今夜、あした、あす、明日、あさって、来週、来月、来年、西暦三〇〇〇年……」など。

「台風の接近は遅れて、今晩ごろになる見込み」「今夜半ごろから次第に風雨が強まる模様です」「おととい発送したということですから、届くのはあすごろではないでしょうか」

「月曜日、火曜、水曜……」をただの曜日としてでなく、特定の日を指す語として用いる場合には、「ごろ」が付き得る。「あれは月曜ごろではなかったでしょうか。お電話したのは」「火曜日ごろにはお渡しできるでしょう」など過去にも未来にも使える。

「春、夏、秋、冬」も全く同じように「ごろ」が付く。「月末」も〝今月の末〟の意で「月末ごろ配本できる予定」と使える。ただ〝末ごろ〟の意では、「週末、月末、年末」は「ごろ」が付かない。「年末ごろが一番のかき入れ時です」「年末ごろまで持つかどうか怪しい」も、〝今年の年末〟の意である。

(4)「今晩」のような特定の「時」を指す語でなく、一日のある時間帯を表す語「朝、晩、夜、朝方……」には付かない。ただし、「昼、夕方」は「昼ごろ/お昼ごろ」「夕方ごろ」と付き得る。「昼」には、「朝、昼、晩」の対応を持つ〝昼間〟の意のほかに、〝正午〟の意があり、「昼ごろ」は〝正午〟のほうの「昼」に付いたものである。なお、「昼ごはん、昼休み」なども後者の「昼」。

(5)「翌日、翌週、翌月、翌年」は話題の中の時を基準としたその「翌〜」である。「その十日前ごろ」「その月の十日すぎごろ」も、表現時点を中心とした未来・過去ではなく、話題の中の「時」が基準になっている。このような語には「ごろ」が付き得る。「その翌週ごろから次第に彼の健康は下り坂に向かった」

(6)現実の特定の日時(過去・未来)ではなく、一般的な「時」に対しても「ごろ」が使える。何月何日ごろと日付けを示す場合である。「七月下旬ごろの暑さ」「三月ごろの陽気」「一月ごろの青空」「十日ごろの月」

その他、一年の特定の日や期間を指す語「正月、春分、雛祭《ひなまつ》り、入学式、夏休み、大晦日……」などにも付く。

「正月ごろの寒さ」「試験前ごろのあわただしさ」

その他「戦争の始めごろ」「第二次大戦の終わりごろの社会情勢」など。

(7)年齢、人生の特定の時期を指す語にも付く。

「二十歳ごろはまだスタミナがあったが」「思春期ごろが人生でいちばん夢多きころだ」「中年ごろになるとだんだん脂肪が付いてきますから、無理にならない程度に運動をする必要があるでしょう」

(8)不定疑問詞「いつ、何日、何曜日、昭和何年、何時、何分……」にも付く。これは現実の特定の時を考える発想である。

「完成は月曜ごろになるでしょう/月曜ぐらいになるでしょう」「来月ごろまでに代金を払ってください/来月ぐらいまでに代金を払ってください」

文脈によっては「ごろ」を「ぐらい」に置き換えることが可能である。しかし、「ごろ」は、その時点を何月何日(または何時何分)と固定せず、おおよその時点として幅を持たせて示す気持ちである。時点をぼかすのである。

関連語 ぐらい

一方、「ぐらい」は、未定の(または、わかっていない)事柄に対しておよその見当としてだいたいの目安や基準を提出する意識である。時点に幅を持たせるのではなくて、推定値として一つの時点を例示するときに用いる。だから、特にいつという時期でなくとも、「二十歳ぐらいの若者」のような例示の言い方もできる。このような〝程度〟の例示表現は「ごろ」にはない。「二十歳ごろの若者」とは言えない。「ぐらい」は例示ゆえ、時点にも期間にも使える。「十分ぐらい」と言えば〝およそ十時十分過ぎ〟の意にも、〝十分間ほど〟の意にもなる。「ごろ」は時点に限るから、必ず時刻となって、十分間の意にはならない。時の長さや量は「ぐらい、ほど、ばかり」が用いられる。

こわい〔怖い 強い〕形容詞

ある状況や対象に対して、こちらが脅威や危険を覚える場合に用いる。

分析1 「恐ろしい」と相通じるが、「恐ろしい」は特定の対象に対する恐怖からくる戦慄を覚えるような状態の客観的叙述。「こわい」はある状態・状況・場面などに接して身の危険や脅威・恐怖などを感じるが、それをうまく処理したり解消したりするすべがなく、避けられない立場にあることに由来する感情。また、そのような気持ちを抱かせる対象の状態。

分析2 相手の強い抵抗にあって、それをうまく処理することができないほどである場合、その相手は「てごわい」(「手強い」と書いた)である。また、物が固くて、それを曲げたり、切ったり、噛《か》んだりすることがむずかしい状態は「こわい」(「強い」と書いた)である。

こわい……髪、毛、髭《ひげ》、布地、繊維、紙、皮革、肉、菜っ葉、するめ

この「こわい」は「固い／柔らかい」と対応する。固いために扱いにくい、うまく処理できないという発想である。剃りにくいから「こわいひげ」であり、うまく噛み切れないから「こわい肉」なのであって、初めから固く造ってあるプラスチックのブラシを「こわい毛」とは言わない。「固い毛」である。乾かして固くした肉も「こわい肉」とは言わな

い。「こわい」は、本来柔らかいはずの物が、扱う段になって処理しにくい固い状態であるときに用いる語。

～さえ　助詞

極端な事物を例示し、それによって全体の状況を推しはからせるときに用いる。「さえ」で引き合いに出される事物は、中間的なものではない。その範囲の中では極端なもの、最終的な線で、文脈によって軽いほうの極限に当たるものの例示としたり、逆に、重いほうの例としてあげることを表したりする。否定文にも肯定文にも用いられるが、文型によって「さえ」の意味するところが違ってくる。

分析 1 肯定と呼応する場合

(1)累加《るいか》を表す「さえ」（「BニAさえ……して」文型）

普通以上の状態であるBにAが加わることによって、はなはだしい状況になっていく場合である。

「雨がかなり強く降っていたのに、そのうえ風さえ吹いてきて、ひどい吹き降りとなってしまった」

〝Bであるのに、その上Aまで加わって……〟Aが累加することによって予想の限度を超えてしまうのである。Aは極限状態を生み出す要素であるから、〝極端なもの〟という意識が生まれてくる。「Aまで」に通じる。

この用法は現在では「まで」を用いることが多く、「さえ」はあまり使われない。

さて、Aが極端なものという意識であるため、付随的に、〝珍しいことだ〟〝特例だ〟〝例外的だ〟等の気持ちが伴ってくる。そのような特別の事物Aを行為主や状態主にすえれば、極めて特殊な場合を示して一般を暗示する以下に述べる用法へと発展する。

(2)強調（「Bさえ……だ」文型）

「ただじっと坐《すわ》っているのさえ、つらいことでした」「悠揚《ゆうよう》迫らぬその態度さえ、すばらしいものに思えるのだった」「学校へ行くのさえいやがるほどですから、親の心配はそれは大変なものでした」「机の上の物がほんの僅か曲がって置いてあるのでさえ気になるタイプの人」

〝極端なAではない。普通のBまでが特異なものとして加わってくる〟の意である。形容詞・形容動詞で受けることによって、Bを特殊なものの仲間に入れてしまうのである。

(3)特例を表す「さえ」（「Aさえ（も）……するB／……するAさえいる／……なAさえあるB」などの文型）

「大臣さえも一目おく人」「子供でさえできるやさしい仕事だ」「歩いてさえ間に合う近い距離」「入試だというのに答案を白紙で出す人さえいるのだ」「一日中だれ一人通らぬ道さ

えあるというのだから、ずいぶん田舎ですねえ」「歳末助け合い募金に何万円もぽんと出す人さえいる世の中だ」

極端な例Aを示すことによって、その対象Bや、Aの背後にある環境や状況Bを〝普通ではない、極端だ〟として驚きあきれ、また感心するのである。〝Aが……するくらいだから、Bはきわめて……だ〟の意識であるが、Bを軽視するか尊重するかは、Aの内容によって決まる。

「子供でさえばかにする人／大臣でさえ一目おく人」

「AさえCするB」において、Aが軽い例であれば、行為Cは軽視すべき内容であり、Aが重い例であればCは重視すべき内容となる。逆にして「子供でさえ一目おく人」とか「大臣でさえばかにする人」と言うことはできない。（この場合、一目おく行為者が「子供」であって、対象者ではない。「子供をさえ」の意ではない）

しかし、否定形にすれば「子供でさえ一目も置かないほど、彼は人々からばかにされていた」「彼に対しては、大臣でさえばかにしないほど、人徳が備わっていた」と成り立つ。否定形をとることによって、〝程度のはなはだしいAでも……できないほどBは……だ〟と、Bの極端さを強調する表現となる。

②否定形と呼応する場合（確定条件）

強調（「Aさえ……ない」文型）

「まんじりさえしないで一夜を明かしました」「新聞さえゆっくり読んでいられないほど忙しい」「ゆっくりとさえできぬ強行軍」「世界には毎日のご飯さえろくに食べられない気の毒な人が大勢いるんだよ」「水さえのどを通らぬ重病人」「ひらがなさえ読めないのでは、とても日本では生活できない」「式服はおろか、着替えさえないくらいですから、贅沢《ぜいたく》な服装などとてもできやしません」「忙しくて寝る時間さえないほどです」「世界記録どころか、日本記録さえ破れなかった」「夫婦げんかは犬さえ食わぬ」

程度の極端なものAを例として出し、それによって他の状況を推測させる暗示的な言い方である。〝その極端に軽いAでも……なのだから、ましてそれ以上のものでは当然……だ〟の意識である。氷山の一角によって全体を推しはからせることは、その一角をもって全体を代表させていることにもなる。「さえ」で提示されるAは、その背後にある大きな地盤Bの先端である。

③仮定条件と呼応する場合（「Aさえ……ば……だ」文型）

ある一つのポイントを取り出して、〝それがだめなのだから、その他はもちろんだめだ〟という発想は、〝そのポイントが満たされれば、他は完全に成立する〟という考えにつながる。これはさらに〝他はみな満たされている、残る最後の一点Aが満たされれば完全になる〟という条件意識へと発展する。Aの成立が十分条件となるわけである。

「これさえあれば鬼に金棒」「あなたさえよければ、私は別に異存ありません」「自分さえしっかりしていれば、他人が何と言おうと気にならぬものだ」「体さえ丈夫なら、何としてでも生きていけます」「時間さえあれば全部解答できたのになあ」「神を信じてさえいれば幸福になれるのです」「寒くさえなければ、あとはどんなことでも辛抱します」「金さえあれば何でも手に入るという考えはまちがっている」「この子が大学を卒業しさえすれば、私も楽になるんですがねえ」

関連語 〜すら

「すら」は「Aすら……なC／BどころかAすら……だ／Aすら……ない」等の文型を取って、〝AでさえCなのだ〟〝Aさえも……なのだ〟〝Aさえも……ない〟と、ほぼ「さえ」と同じ意で用いられる。極度のレベルにあるAを引き合いに出して、〝対象がAだから、常識から考えて当然……だろうという予想に反して、実は……なのだ〟の気持ちを表す。「さえ」が、極端なAを示すことによって、Aを含む全体を類推させる暗示意識であったのに対し、「すら」は〝極端なAだから当然……だろう〟という予想を打消すことによって、主体の特殊性を強調する意識である。「十円さえないのです」と言えば〝まして百円、千円のあろうはずがない〟という含みを持った表現となり、「十円すらないのです」と言えば、〝金が全くない〟ということの強調となる。だから、「財布の中には」と言えば「すら」を使うほうが自然なわけである。

「たし算すらできない奴だから、何を教えたってむだだ」「ご飯どころか水すらのどを通らぬのだ」「先生ですらわからぬ問題」「オリンピック選手ですらかなわない相手」さらに「ひげの先がぴんと立っているのすらみごとに見える」のような、その主体を強調するだけの用法へと発展する。「すら」は「さえ」と違って、仮定条件法に呼応する用法を持たない。

関連語 ～しか

「しか」は打消と呼応して「Aしかない」の形でその事物・行為以外には存在しない、ただそれだけと限定する。「冷蔵庫の中には野菜しかない／野菜だけある」事実としては同じだが、「……しかない」形式を用いると〝他にもっといろいろあることを予想し期待していたのに、何もない。あるのは野菜だけだ〟野菜を除いては他に何一つないという、非存在を強調する。

一方、「だけ」は、単に他を排除してその一点のみを認識する発想であるから、「……だけある」は〝それのみがただ一つ存在している〟という、唯一の存在事物を認識する表現。「しか」のような、予定していたものが何一つないという意識は伴わない。

「しか」は名詞や数詞に付いて「梅干しか入っていない弁当」「日本語しかわかりません」「みかんは今、缶詰めしかありません」「財布の中にはたった十円しか残らなかった」

「二つしかないならば、二人で半分こしなさい」「希望者は一人しかいません」「たった一つしかない虎の子の紙入れを盗まれた」

と用いられるほか、動詞に付いて、「焼け落ちるまで、ただ見守るしかなかった」「黙って見ているしかない」「命が惜しければ、相手の言うなりになるしか方法がない」「本人が自覚するまで待つしかない」「やりたいようにさせるしかない」

〝他に方法がない〟意を表したり、また、「全くばかとしか言いようがない」「あの様子ではうそをついているとしか思えないね」「あまりのことに、ただ、すばらしいとしか言えなかった」のように「……としか……ない」の形で〝もっぱらそのような状態である〟意を表す用法もある。

関連語　ーきり

「きり」は名詞「きりがない」「いい加減にきりを付けて帰ろう」「きりのいいところでやめる」の例のように、物事の終わりとなるところ、区切りである。副助詞として用いた場合も、その事物や行為が最後の線で、それ以上は存在しない意を表す。

「お結び二つきりでは腹が持たない」「これきりで、あとはありません」「今回きりで、もう変な言いがかりは付けないでくれ」「それっきり何とも言って来ない」「はいと言ったきり、黙っている」「人の物を借りたきり返してくれない」「一人きりで寂しく暮らしている」「参加者はたったの三人きりだった」「やがて妹は膝の糸屑を払って立ち上った。それは病主人の枕許に、盆に載せた柿を運ぶためであった。『もうこれきりかい』と、彼はながし目にその柿を見ながら聞いた。『昨日あんなに食べたからもうこれきりよ』と妹は答えた。盆の上にはただ二つしか載っていなかった」（高浜虚子『柿二つ』）
物の場合は、それのみ、他にはない意。行為の場合は、その行為のみで、その後、行為がおこなわれない意である。「きり」は事物や行為に「きり」（限界、限度、区切り）を付けることであるから、心理としては〝もっとふえ、さらに続いていくと予想したのに、それのみで打ち切りになってしまった〟という失望、期待はずれ、不満感が潜んでいる。物の場合は「だけ」との置き換えも可能であるが、行為・作用の例には「だけ」は使えない。

さかん〔盛ん〕形容動詞

行為・作用・状態が、きわめて勢いのいい様相を呈しているさま。盛りの状態にあるさま。

分析 行為・作用・状態に活気があるようすを表すことから、動き・変化・活動などを伴う動的な状態の形容として用いる。一見、静的に思える「血気盛ん」「人生で最も盛んな時期」等の表現も、動き・変化を前提とした状態である。油の乗り切った活力にみなぎる状態は、活気に満ち繁栄するさまに通じる。「アメリカ東部は工業が盛んで、西部海岸地帯は農業が盛んだ」「戦後ゴルフが盛んになった」など。

このように旺盛・隆盛という状態を表すところから、動作・作用に係った場合は、その激しさが強調される。しかし、動作・作用を形容しても、自然現象の「太陽黒点の活動が盛んな時期」「今年は火山活動が盛んだ」、人為現象の「機械類の輸出が盛んだ」などは、〝旺盛〟〝隆盛〟という状態性の濃い例で、「活発」と言い換えがきく。

「盛んに燃える火」「風が盛んに吹く」「雨の多い季節なので、草が盛んに伸びる」、人為現象「盛んな拍手」「盛んに野次を飛ばす」「盛んな声援」など、作用・変化・行為の動作性が強まると「激しい」に近い意味合いとなる。ただし、「激しい」は「激しい気性」「毒性の激しい薬」のように性質・効果などの程度が際立って強烈であることを述べるマイナス評価の形容詞であるから、「風が激しく吹く」と形容すれば、吹き方（風速）が並外れてひどい状態を表し、「風が盛んに吹く」と言えば、その状態が大きく、しきりであることを表す。「盛んに宣伝する」「盛んに電話を掛けてよこす」「盛んに催促する」「犬が盛んに吠え立てる」など、連用形をとって動詞に係る言い方は「しきりに」に近い意味となり、完全に動作性の形容となっている。⇩はげしい（一九六頁）

関連語　**しきりに**

あまり間を置かず、同じ作用や行為が何度も何度も起こる、または起こすさま。「最近小さな地震がしきりに起こる」「しきりに電話が鳴る」「しきりにせがむ」「しきりに欲しがる」「しきりに恋しがる」など、「しばしば」に近いが、間隔がより狭い感じである。「盛んに」は回数の頻繁さよりも継続作用や連続行為を表す場合が多く、しかも、その作用・行為のスケールが大きい状態を表す気持ちが強い。「雨が盛んに降る」「父を盛んにせっつく」「盛んに誉めそやす」「どうぞ、どうぞと盛んに勧める」

さっぱり　副詞

あるべき事柄・事態がきれいに消滅するさま。努力や期待をしても、その対象となるものが存在・生起しないさま。マイナス評価の語。

分析　肯定形に係る場合と、否定形または否定的な語に係る場合とがある。

1 「きれいさっぱり（と）忘れてしまった」「いやな思い出はさっぱりと忘れてしまえ」「さっぱりあきらめた」「さっぱりした気分」

2 「さっぱり思い出せない」「ドイツ語でしゃべられちゃさっぱり分からない」「いくら待っても魚はさっぱり掛からない」「魚はさっぱり食い付かない」「獲物はさっ

ぱり現れない」「宣伝しても客はさっぱり来ない」「待てど暮らせど、さっぱり現れない」「希望者はさっぱり出て来ない」「いくら質問してもさっぱり答えてくれない」「あんなに説明したのに、さっぱり覚えようとしない」

1は脳中にある事柄が消滅すること。したがって、〝こだわるところがない〟〝さわやかである〟状態にも用いられる。

2は逆に、当人の側にない事柄が、当人側に全く現れ出ようとしないさま。人や動物が現れない場合と、記憶や理解などが生じない場合とがある。当人が、その事物・状態の出現を希望し期待しているにもかかわらず、全然出現・生起しない状態である。これが抽象的な状態に拡大使用されると、

「商売はさっぱりだめだ」「景気はさっぱりだ」「彼の成績はさっぱりだめだ」「期末テストはさっぱりだった」と、望んでいるにもかかわらず、期待するような事態が到来しない状況を表す。

「春になってもさっぱり暖かくならない」「いくら読んでもさっぱり面白くならない／面白くない」

関連語　**まったく　全然**

いずれも否定に呼応する副詞であるが、「さっぱり」と違って、特に消滅や、出現しな

い状態のみに限定されない。広く否定表現に係り、打ち消す気持ちを強調する。「全く」「全然」は否定を客観的に強め、その動作や状態がほんの僅かも成立しない、不十分、不完全ではなく、ゼロの状態を言う。「ドアは全くしまらない／ドアは全然しまらない」は、開いたまま微動だもしない、もしくは、一ミリもしめることができない状態である。一方、「ドアは完全にはしまらない」は、隙間が少しある「不完全」、「不十分」な状態を言う。「ドアはさっぱりしまらない」は、〝しまることを期待しているのに、一向にしまる気配がない。いつになったらしまるのだろうか〟という気分である。⇩さらに（一〇六頁）なお、「全く」には、相手に同感する「全くそうだ」「全くその通り」「全くねえ」などの用法、および形容詞・形容動詞に係る「全くすばらしい」「全く静かだ」などの用法もある。

関連語　**まるきり**

「まるきり」は「まる・きり」で、「まる」が欠けたところのない状態であるところから、「完全」を意味し、「きり」と結び付いて、〝百パーセントだめ〟という状態を表す。不可能な気持ちを伴う。「横文字はまるっきり分からない」「水泳はまるっきりだめだ」

〃できない〃という気分が加わるので、「ドアはまるっきりしまらない」も、〃しめようと試みるが全くだめ〃の意味である。「さっぱり客がこない」は出現を期待するのに、一向に現れようとしないさま。「客はさっぱり店に寄りつかない」となると時間的経過を前提とした意識となる。「まるきり客がこない」は客を呼び寄せようと努力しても全くこない、お客ゼロの状態、いわば閑古鳥が鳴く状態である。

なお「まるきり」は不可能意識を伴うので、自然現象など非常の事態には使わない。「春になってもまるきり暖かくならない」は、当人の不可能意識を伴わない例なので、「まるきり」ではおかしい。

関連語　**からきし**

「まるきり」に似た語に「からきし」「からっきし」がある。「奴は英語がからきしだめだ」「からきし意気地がない」「酒はからきしだめです」など。「まるきり」と異なり、意識的行為ではなく、性質や体質として、また能力として客観的にだめな場合を言う。ふつう人間に対して用いられる。

さらに　〔更に〕　副詞

ある事態のうえに、もう一つ事態が加わる。


分析1　「さらに申し添えれば……」「さらに言えば……」「さらに付け加えるなら……」と、異なる事態の累加に用いられる。ある状況だけでは不足だとの判断から補足の意味で累加していく意識である。「その上」と通じる面を持つが、「その上」は単に叙述を累加していく接続詞にすぎず、「更に」のように、用言に係らない。

「その上まずいことには……」「その上、雨まで降ってきた」などに示されるように、「その上」は、他の事態を叙述として付け加える言い方で、「更に」のように〝前にも増して〟の意味を持つ副詞的用法はない。

また、「更に」は、その段階でとどまらず、より一段上の段階へと移行していく意識であるところから、〝前にも増して、その上に〟の意味が以下の用言に加わってくる。

「更に悪事を重ねる」「更に研鑽《けんさん》を積んでいきたい」「皆様の貴重なご意見・ご忠告を参考にして、更に研究を進めていく所存です」「更に改良していこうと思う」「更に美しく整えていきたいと考えております」

この意識が時間的観念を持てば〝ひきつづき、ずっと〟の意味が加わる。

「更に研究を進めていきたい」は、一段階移行する〝その上に〟の意味であると同時に、それには時間を要するところから〝ひきつづき〟の意味でもある。

「更に交渉を続ける」「更にお願いしてみよう」などは、この二重の意味で用いられている。

分析2　ある物事の持つ一つの状態を、以前（A）と以後（B）とに分け、そこに一段階の飛躍を認める「さらに磨きをかける」「彼女は以前にも増してさらに美しくなった」は、〝前にも増して、その上〟であり、〝以前より以後のほうがより一層〟の比較表現でもある。このように一つの物事が二つの事態A・Bをとった場合、〝Aの段階よりもBの段階のほうがより一層〟の比較選択となるところから、事物・事態がレベルAから一段上のレベルBに移行しているという意識に重点が置かれる。「更に」が「もっと」「一段と」「一層」などと異なる点は、このようにあくまで別の事態への移行意識が伴っている点である。

「更に重要なことは……」「条件は以前よりも更に厳しくなった」「あの大学に入ることは更にむずかしい」「病状は更に悪化した」

〝Aだけ、あるいはAのままではない、その上、Aとは段階の異なったBが加わって〟いるので、〝Bの事態は質の上でAとは異なる状態なのだ〟の気持ちである。

関連語　**もっと**

「もっと左」「もっとたくさん」「もっとください」「もっと多く」「もっと速く走れ」「も

っと勉強しろ」のように〝程度がより一層〟であること。「更に」のように一段階上のレベルへの移行意識はない。「更に」はA・B二つの段階間でのA→B。「経営は更に悪化した」は〝悪化が一段進んだ〟、「もっと悪化した」は〝前以上に悪化の度が大きくなった〟状態である。同様に「更に働く」は「一仕事終わったのに、更に働く」で、一区切りついて、次の区切りへとはいる意識である。「もっと働く」は「もっと働け」「もっと働かなければ食っていけない」と、働く量の程度を言っているにすぎない。「もっと」は同質の事態での程度をより一層増すこと。

関連語 **一向に**

「更に」は事態の異なる段階への移行を前提とした発想である。したがって、以下に否定が来ると、その異なる段階へと達することができない、変わっていかない状況を表現する。「あれほど注意したにもかかわらず更に反省の色がない」「どう工夫しても更によくならない」「更に思い出せない」「更に気がつかない」「そんなことぐらいでは更に驚かない」など。

「一向に」に置き換えのきく文脈であるが、「一向に」は、「この映画は一向に面白くない」「いくらがんばっても一向に捗《はかど》らない」「いくらおどしても一向に効き目がない」「一向に驚かない」など、「さっぱり」「ちっとも」「全然」と同様、否定を強調する。「一向に平気だ」のように肯定形にも係るが、概念としては否定的なもの。〝時間や手間をかけても全然〟の意識である。

一方、否定形を伴った「更に」は、別の事態へと変わっていかないという意識に重点が置かれる。

じき〔直〕副詞　形容動詞

対象の事物が、話題の時点・地点からさほど隔たっていないこと。

分析1　時間的な意味と場所的な意味の二面があり、「すぐ」より用法が狭い。対象とする事物が話題の時点・地点からさほど隔たっていないとする話者の判断である。「ちょっとそこまで。じき戻ってきますから待っていてください」「一人でいても、じきいやになると思う」「試験が終われば夏休みはじきだ」「病気はじき（に）治るだろう」「じきに慣れますからね。心配しないでいいですよ」「バスは、じき来ると思います」「外国に行けば語学もじきに上達するにちがいない」「とてもゆっくりとしたスピードでしたが、じき終着駅に着きました」「目指す公園はアパートからじきだった」「ポストはじきそこです」など。

「じき」は一人称・二人称・三人称の事物を対象として（二人称のときは疑問文）、予定・予想の未来表現、および過去表現に多く用いられる。三人称未来に多く用いられるということは、「じき」には〝まだはっきりとは分からないが、たぶん〟という話し手の意識が潜んでいる。三人称を対象として、「病気じきに治るといいわね」「遭難者がじきに見つかればいいが」のような願望表現には使えない。また二人称の場合でも、「出かけてもいいが、じき帰ってきてくださいね」とか、「病気をじきに治してください」など、依頼・命令・希望・禁止などに使うと不自然になる。そこが「早く」「すぐ」より用法が狭い点である。⇩すぐ（一一五頁）

分析2 短時日、短時間で目指す事柄が実現するという想定は、「すぐ」と同様、〝容易にそうなる〟〝そうなる傾向がある〟〝そうなりがち〟の気持ちを伴いやすい。「じきに覚えられますよ」「こちらが人好《よ》く構えると、じきにずうずうしくなる」「茄子《なす》の漬物はじきに色が変わってしまう」など。

関連語 もうじき

「じき」は「もうすぐ」と同じように「もう」と結び付いて「もうじき」の語形をつくる。これは現在を基準とする未来表現にしか使えない。「今日で五月も終わり。もうじき梅雨だ」「さっき電話で注文したから、出前はもうじき届くと思います」

「じき」と違って、話題の中の時点を基準にすることができないため、「一一〇番すれば、もうじき警察が来ます」とは言えない。

しばらく 〔暫く〕 副詞

心理的にある程度の長さを覚える時間。事柄によって、実時間・実期間はいろいろある。

⇩すぐ（一一五頁）、じき（一〇九頁）

分析 「しばらくお待ちください」「お留守ですか。じゃ、しばらく待とう」「座敷に通され、しばらくして主人が現れた」「ここしばらくは発作が起きない。いい具合だ」「申し込んでから電話が引けるまでには、しばらく間があった」「父からの手紙はしばらくぶりであった」「やあ、しばらく。お元気ですか」「しばらくご無沙汰致しております。お変わりありませんか」「今の内閣はいましばらく続くと思う」「ここしばらくは景気の変動はない」「次の日食が起こるまでには、まだしばらくある」

過去のことにも、未来のことにも使える。

関連語 **当分**

「当分」「当分の間」の形で用い、現時点から近い将来までの期間を漠然と指す。

「これだけあれば当分間に合う」「当分買わなくていい」「当分は大丈夫」「当分の間、通院してください」「当分顔を出すな」「当分学校には参りません」「雨は当分降らないらしい」「当分休ませていただきます」

未来の予定・意志（一人称）、未来についての依頼・命令・推量（二人称）、未来の予想・推量（三人称）などを表し、「当分……ないだろう／まい」の否定形をとることが割合に多い。「しばらく」と違い、過去表現には使用できない。

-すぎ〔過ぎ〕接尾語（名詞的）

時や年齢を表す名詞に付いて、その時期を少し越えたあたりの意味を添える。また、動詞の連用形に付いて、その動作・作用・状態の程度が度を超していることを表す。動詞に付く場合は「遊びすぎだ／遊びすぎる」のように、動詞を造る接尾語と意味の面で共通する。

分析　時刻に多少のずれやはんぱがある場合、「たった今」「ほんの少し前」など現時点を基準とした言い方があるが、これは時刻に対して自由に付く語ではない。どの時刻にも付く言い方としては「十時少し前／十時ちょっと過ぎ」のような表現があるが、副詞を取り去って「十時前に／十時過ぎに」とすることができる。「来月の十日過ぎに試験を行う」のように、接尾語「-過ぎ」は時刻のほか日を表す語にも付く。また、数で示さぬ時の名

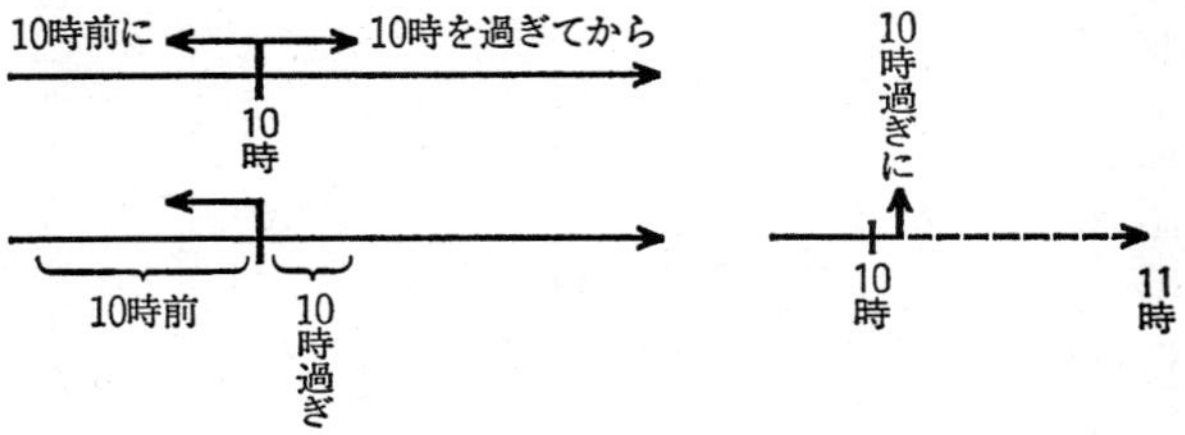

詞「来週の火曜過ぎになるでしょう」「夜中過ぎに帰ってきた」「真夜中過ぎの火災」「(お)昼過ぎに地震があった」など特定の語にだけ付くが、数は多くない。この用法は「－前」にはない。⇩たった(一四八頁)

「－過ぎ」は〝その時点を少し越えたあたり〟を漠《ばく》然とさし、まだそれほど時が経過していない。

「十時過ぎに帰ってきた／十時(を)過ぎてから帰ってきた」

「十時過ぎに」は〝十時を過ぎてさほど経っていないころに〟と帰宅時間を指定し、「十時を過ぎてから」は、帰宅時間が十時を境としてそれ以前か以後かを問題として考え、〝十時を越えている〟という判断である。「十時前に帰ってきた」も、〝十時になる前に〟の意であるから、「十時過ぎに」と対応するのではなく、「十時を過ぎてから」と対義関係を取っていることがわかる。「まだ十時前だ」は〝十時以前〟の意で、かなり前から十時になるまでの広い範囲の時間帯に使える。「もう十時過ぎだ」は十時直後の限定された狭い時間帯にしか使えない。むしろ「今十時過ぎだ」の言い方の方がぴったりする。

「昼前／昼過ぎ」にもこの違いが当てはまる。「昼前」は〝正午以前〟もしくは〝昼食時以前〟つまり「午前中」だが、「昼過ぎ」は正午の少し後のころである。「昼前」に対応するのはむしろ「午後」であり、「昼過ぎ」に対応しない。

――午前中はずっと仕事をしていた。
――午後もずっと仕事をしていた。
――昼前はずっと仕事をしていた。
――午後もずっと仕事をしていた。

「昼からも」も可能。「昼過ぎもずっと仕事をしていた」とは言わない。辞書類で「昼過ぎ」の項に〝「昼前」の対〟とあるのは誤りと言わなければならない。

関連語　-まえ　-ご

「昼前、十二時前、二十歳《はたち》前の青年（未成年）」など〝その時に至る以前〟の意の「-前」のほかに、「出発前のベル」「試験前の緊張」のような〝直前〟を意味する「-前」もある。「食事前、正月前、結婚前」など〝以前〟とも〝直前〟とも取れる語もある。

「お食事はもうすみましたか」「いいえ、まだ食事前です」
「この薬は食事前に服用すること」（食前に）

動作性漢語名詞に接すると〝直前〟の意味になりやすい。これは「あと」と対応せず、漢語「‐後《ご》」と対応する。

「(お)食事前《まえ》/(お)食事後《ご》」(食前《ぜん》/食後《ご》)

時の和語名詞には「昼前/昼過ぎ」のように「‐前/‐過ぎ」が続く。この「昼過ぎ」に似た語に「昼さがり」があるが、これは午後二時ごろまでのかなり広い範囲の時間をさす。「‐過ぎ」は年齢にも付いて「五十過ぎの男」(五十を一、二歳過ぎた男)、「二十《はた》歳《ち》過ぎの嫁入前の娘」(二十歳を過ぎたばかりの)のように使われる。これも、その年齢を越えて間もない狭い範囲をさしている。

すぐ〔直ぐ〕副詞　形容動詞

ある状況が成立したとき、その時点・地点から隔たりがないこと。⇩じき(一〇九頁)

分析1　時間的な意味と場所的な意味の二面があり、「じき」より用法は広い。「時間がない。すぐ出かけよう」「心配することはない。すぐ(に)慣れますからね」「店に出すとすぐ売れる品」「すぐ使える品」「すぐこわれる安物」「バスはすぐ来るでしょう」「見ていないと、すぐ悪さをする」「そんなにすぐの話とは思わなかった」

時間的な「すぐ」は、人事現象、意志的行為に用いることが多いが、動植物、自然現象の例も見られる。

「日が出たと思うとすぐ曇る」「すぐ降る雨」「切っても切ってもすぐまた枝が伸びる」「犬や猫はすぐなつく」「日が沈むとすぐ暗くなる」など。

「すぐ来てください／早く来てください」「すぐ行こうよ／早く行こうよ」のように「早く」と似ているが、「早く」は単に行為や作用の行われ方が時間的に短いことである。継続動作なら、「もっと速く歩け」のようにスピードとなり、瞬間動作なら「早く来い、来い、お正月」のように実現までの時間的間隔が短いことを言う。「雨が早く止むといい」「早く上手にならないかなあ」のように動作・作用・変化などの動的な事柄に係り、「すぐ」と違って状態を形容する言い方を持たないので、「早く分かる」「早く使える」などとは言わない。

一方、「すぐ」は、ある基点を設定し、その基点から見て至近距離の状態である。「早く」と違い、継続時間の長短観念ではない。ある状況が成立すると、あまり時間的間《ま》を置かずに次の状況がおのずから成立するという発想である。「バス、早く来るといいなあ」は待たされる時間の長さを問題としているが、「バスはすぐ来ます」は話中の現時点を基準として、「バスが来る」という状況が間を置かずに成立することを表している。「すぐ」の基準点は話題中の任意の時点であって、必ずしも今、現在とはかぎらない。「すぐ役立つ人材」「すぐ壊れる」「すぐよそ見をする」など。

いずれも話題のその時点を基準点として言っている。この点が「もうすぐ」「まもなく」「程なく」と異なるところである。

「一一〇番に電話すれば、すぐ来るよ」は、〝電話する〟という条件成立の時点を基準としているが、「一一〇番に電話したから警察はまもなく来る／もうすぐ来るでしょう」の「まもなく」「もうすぐ」は、現在を基準としての表現である。

「一一〇番に電話すれば、もうすぐ来る」と言えないのは、「もうすぐ」があくまで現在の立場から、未来を表現する場合に用いられるからである。

「僕も、もうすぐ大学生だ」など。

「すぐ」は、「……すれば、すぐ／……すると、すぐ／……したら、すぐ」などの条件形式によって話題中の基準点を示すことが多い。

「家へ帰るとすぐ遊びにいく」「四月になれば、すぐ入学式だ」

分析2　時間の「すぐ」は、ある条件を立てたら間を置かず次の事態を成立させることであり、無意志性の場合には、間を置かず次の事態が成立することを表す。この場合、事の成立実現が自発的なため、〝容易にそうなる〟〝そうなる傾向がある〟〝そうなりがち〟などの気持ちを伴う。

「外国に出れば、英語なんかすぐ話せるようになるよ」「蟬《せみ》なんかすぐ捕れる」「ちょっと薄着をすると、すぐ風邪をひく」「甘やかすとすぐ図に乗る」など。

分析3　場所の「すぐ」も基準点を設ける点で時間の場合と同じである。「駅のすぐ近く」「アパートはすぐそこだ」「あの建物のすぐ横」「途中に一つ駅があれば、学校はすぐなんだが」など。

関連語　直ちに　立ちどころに

両語とも〝時間に間を置かず次の事態を起こす〟という点で「すぐ」と共通する。ただし「英語なんかすぐ話せるようになるさ」のような例を「直ちに」と言い換えることはできない。「直ちに」は、ある状況が成立してから次の事態が成立するまでの時間的隔たりが「すぐ」より小さく、基準点からの間隔ではないからである。「直ちに」は一種の連続行為・作用で、「裁判が済んだら直ちに刑を執行する」に示されるように、「即刻」の意味である。しかし、条件の成立と次に生じる行為・結果の関係では「すぐ」と共通する。「注射をしましたから、すぐ楽になりますよ」「注射をしたところ、直ちに楽になった」など。

「すぐ」が話し言葉的であるのに対し、「直ちに」は文章語である。

「注射をしたら、立ちどころに楽になった」

の「立ちどころ」も「直ちに」に近いが、これは前件・後件が同じ場面で成立する場合に限られる。〝その場で〟の気持ちが強い。

「注射一本で、立ちどころに痛みが消えた」「相手の腹の内を、立ちどころに見破る」「どんなむずかしい計算でも、立ちどころに答える」など。
ほとんど反射的に行われる作用・行為で、意志的な判断・思考を超えた状態である。

すこし〔少し〕副詞

数量や事柄・状態などの程度があまり大きくないこと。「少ない」と違って、標準や比較の対象に対しての数量の相対的評価ではない。あくまで、その状態においての程度の多少を問題としている。「すこし多い／すこし少ない」と言えるように、プラス、マイナス両面において、その程度ぐあいを「少し」と評価することができる。「かなり」「そうとう」などと対応する。⇩かなり（六三頁）、おおい（四七頁）

分析1 「少し」で表せる程度の対象としては、次のようなものがある。

1. 事柄……遠い、差別、うぬぼれ、誇り、欠点、こと
2. 方向……右、上、手前、東、沖のほう、うしろ、あと
3. 状態……見える、できる、似ている、ある、おかしい、悪い、うるさい、忙しい、賑やかだ、奇麗だ、上等の～、足りない
4. 動作、作用、現象…働く、休む、忘れる、思い出す、残る、光る、降る、動く、進む、あわてる

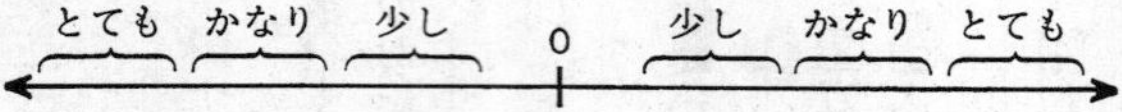

①は「すこしの＋名詞」の形で肯定文にも否定文にもなる。②は「すこし＋名詞」の形で用いる。③は「すこし……が……である」「すこし……ている」の文型で用い、④は「すこし……が……する」(自動詞)、「すこし……を……する」(他動詞)の文型で用いる。このほかに「……はすこし……だ」(③)、「……はすこし……する」(④)等の形も見られる。助詞と結合して「すこししか……ない」「すこしも……ない」と〝ほとんど／まったく／全然〟などの意を表す使い方や、「すこしは……だ／すこしは……する」〝多少／幾分〟の意を表す使い方などもある。

分析2

①事柄「すこしの＋名詞」文型

「両者の間には少しの相違も見出せない」「少しの余裕もない生活では、何かあったとき困る」「少しのことでいちいち腹を立てていたら身が持たない」「少しのうぬぼれも持たぬ謙虚な態度」「こんな少しの失敗で参ってしまうようでは先が思いやられる」「一日ニ玄米四合ト、味噌ト少シノ野菜ヲタベ、アラユルコトヲ、ジブンヲカンジョウニ入レズ……」(宮沢賢治『雨ニモマケズ』)

抽象的な名詞の立つことが多い。その事柄の程度や量の絶対的低さを表す。「僅かの」との言い換えが可能な文型である。

②方向「すこし＋名詞」文型

「もう少し左だ」「家の少し手前で車を降りた」「もう少し奥へ詰めてください」「もう少し下町のほうまで行ってみようじゃないか」「彼は少し前に帰りました」「事件の少しあとで犯人らしき者を見たという人がいます」

場所にも時間にも使える。現在の位置や時点を基準にすることも、話題の地点や時点を基準にすることもできる。場所も時間も、基準に対するプラス、マイナス両方向に使える。「かなり／ずっと」などと対応した関係として、基準点からのずれを表す。

③状態「少し＋状態性を表す用言」文型

形容詞、形容動詞、および状態動詞ないしは動詞＋ている形が続く。

「彼女は自分の美しさを少し鼻にかけている」「彼はドイツ語が少し話せる」「富士山に少し似た山」「少し知恵が足りない」「少し寒いようですね」「その意見すこしおかしいんじゃない？」「兄も悪いが弟も少し悪い」「しばらく行くと、少し寂しい所に出た」「私には少し小さい」「もう少し上等の品を見せてください」「掃除をしたら少し奇麗になった」「まだ少し時間がある」「少し大げさだ」「少し遅すぎる」「時計が少し進んでいる」「すこしわさびが効きすぎた」

その対象が帯びている状態性の程度を「少し」と形容しているのである。状態性そのものは稀薄でも濃厚でもかまわない。「すこし大げさすぎる」や「すこし極端だ」において、「すこし」という低い程度性は「大げさ」や「極端」の高い程度性と抵触しない。「大げさすぎる」という状態の現れ方を「少し」と限定しているのだから。大げさすぎる中に「少し／かなり／相当／非常に」等の段階を認めるのである。だから、「ふつう（0）／暖かい（+）／暑い（++）」において、「少し暖かい」とも「少し暑い」とも言える。ゼロ状態でないかぎり、程度性を持ったその状態範囲の中で「少し」と程度限定をおこなっているのである。

④動作・作用・現象「少し＋動作動詞」文型

「この道を少し行くと駅に出ます」「少し休もう」「少し飲んだら顔が真っ赤になった」「少しお金を貸してください」「少し待ってください」「遺産を少し残して死んだ」「少し思い出してきた」「雨が少し降ってきた」「電車は少し動いてはすぐ止まる」「腫れが少し引いたようだ」「恥ずかしくて少し顔を赤らめる」

動作・作用の行われ方を「少し」と形容するのである。「休む」のような時間性を持つ行為は〝時の長さ〟を、「道を行く」のような移動動作なら〝距離〟を、「金を貸す」「酒を飲む」のような数や量を持つ対象なら〝数量〟を、「腫れが引く」「顔を赤らめる」のような状態変化なら〝程度〟を表すことになる。いずれもその動詞の指す内容の実現に伴う副次的条件の程度を問題としている。だから、右の区別は絶対的なものではない。「少し歩きましょう」は〝時の長さ〟とも〝距離〟ともとれる。「少し降って止んだ」も、〝降雨時間〃とも〃降雨量〃とも解せるわけである。結果を伴う行為・作用なら、どちらにもなり得るわけであるが、「少し思い出してきた」と言うとき、〃思い出し方〃ではなく〃思い出した事柄の量〃を「少し」と指しているように、多くは結果に係る。この点が前の③と異なる。

分析3「少し」が数量や程度のわずかなことを指すところから、事態実現の可能性の多寡《たか》を比喩的に指すようになる。「もう少しで当選できたのに」には、票数意識が根底にあって、それが当然実現の可能性を支えている。これが「もう少しで車にひかれるところだった」となると、実現の確率意識だけとなる。間一髪の〃程度〃なのである。数量や程度が完全にゼロとなれば「すこしも……ない」である。ここまで来ると、「全然」と一致してしまう。

「少しも反省の色がない」「他人の言うことは少しも信用しない」「少しも儲からぬ」「いくら医者に通っても少しもよくならない」⇩なんら（一八七頁）

関連語　**ちょっと　少々**

両語とも意味面では「少し」と変わらない。用法面では、「ちょっと」には「ちょっとしたことですぐ怒る」「ちょっとした町だ」「ちょっとした財産がある」と、「……した名詞」の形があり、〃さほど低いレベルではない、ある程度〃の意を表す。その他の例では、三語とも共通して使える。ただし、文体的には「ちょっと」は口頭語、「少々」は改まり表現に用いられる。「少々／少し／ちょっと」の順で丁寧度は落ちる。「少々お待ちくださいませ」「少し待ってください」「ちょっと待ってね」さらに下落すれば「ちょいと待った」「ちょいとお待ちよ」「ちょい待ち」などとなる。「少々待ってね」のような言い方は自然ではない。

関連語　わずか

数量・程度概念の語としては、「少し」と共通する。ただし、絶対的な量や程度の小ささで、「少し」のような、ある範囲内での相対的な程度には使えない。「彼もよく覚えているが、僕のほうが戦争についてはもう少しくわしく覚えている」〝彼に比べてもう少し〟である。

これが「戦争については僅かに覚えている」となると、覚えている絶対量が僅かなのである。「配布資料は少したくさん用意したほうがいい」〝たくさん〟の範囲内で、たくさんの程度が「少し」なのである。

「少し詳しく説明してください」のように「少し詳しく／少しよく／少したくさん……」などは「僅か」では言い表せない。「僅かに詳しく」とか「僅かにたくさん」では矛盾が生じる。

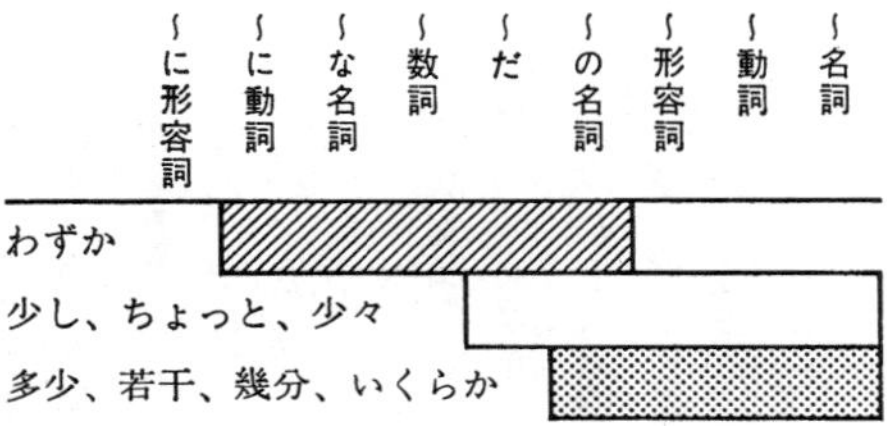

「すこし」は、「少しにぎやかな町」「頭が少し変だ」のように、ようすや状態の描写に使える。ところが、この文を「僅か」で言い換えることはできない。「僅か」は状態そのものの在り方を形容する語ではなく、事柄の量を問題とする語だからである。

1 わずかに＋動詞

「わずか」は形容動詞ゆえ、用言には連用形「僅かに」の形で接する。「少し」には、「〜に」の形がない。そのまま用言に係る副詞である。

「祖母のことは僅かに覚えている」「日本記録には僅かに及ばなかった」「相手に悟られぬよう僅かに動く」「僅かに右へ半歩位置をずらすだけで、相手のパンチを殺すことができる」

いずれも数量概念を含んだ表現である。「わずかに覚えている」も〝覚え方〟の状態ではなく、〝覚えている内容量〟である。このことから、内容量を問題としない状態性の形容詞や形容動詞は「僅か」のあとには付きにくい。「僅かに暖かみを感じる」と動詞で言えば、感じる量が問題となるが、「僅かに暖かい」では状態形容となってしまい、日本語としてはやや不自然な感じを催す。「僅かに……冷たい、甘い、悲しい、痛い、困難だ」など、普通言わない。

②わずかの＋名詞／わずかな＋名詞

形容動詞ゆえ、副詞「少し」と違って、「わずかな」の連体形を持つ。

「わずかな／わずかの……金、給料、財産、数、距離、時間、人数、人口、人間、酸素、湿気、喜び、誤差、割合、違い、相違、差、くい違い、狂い、ぬくみ、こと」

数量概念の名詞か、数量の計れる名詞があとに来る。

③わずか＋数詞

「僅か三人の出席者」「僅か五歳の子供」「僅か五個のりんご」「僅か一か月で語学をマスターする」

この用法は「少し、ちょっと、少々」にはない。「少しの人数／僅かの人数」と並行して「僅か五人」と言える。五人の人数を多いと考えるか少ないと考えるかは条件によって違う。五人の家族なら「僅か五人」とは言わないであろう。クラス人員なら「僅か五人のクラス」と言える。③の「僅か」は、その数量に対する話し手の数量評価を表している。「たった」と同じような副詞で、「少し、ちょっと、少々」とは意味・用法がずれている。

関連語　**多少　若干　いくぶん　いくらか**

四語とも「少し」と違って、程度の低さをそれとはっきり表していない。〝多いか少ないか、それとはっきりわからぬ程度〟〝どちらとも決めかねるが、どちらかと言えば、やや〟のような、あいまいで、話し手自身不確かな状態である。したがって、数量や程度の小ささをはっきりと示す副詞「ほんの」「ごく」は「少し、ちょっと、少々、僅か」には係っても、右の四語には係らない。⇩ごく（七四頁）

「もう少しお詰めください」のような〝さらにそのうえ〟の意の副詞「もう」も、右の四語には係りにくい。用法面は「少し、ちょっと、少々」や「僅か」と違って、かなり狭い。「少ししかない」「あと少しだ」「あと少しになる」のような数量のはっきりした言い方は、右の四語ではできない。一方、「フランス語も少しわかる」「少し右に寄ってください」「すこし上をねらえ」のような漠然とした程度を表す場合には、右の四語で置き換えることも可能。はっきりした場合は「少々お待ちください」、不確かな場合は「多少待たされるかもしれないよ」「いくらか手数料を取られると思う」のようになる。

「多少」には、「多少のことは我慢しろ」のような「〜のこと」の言い方がある点、「少々」に近い。漢語「若干」には「若干名、若干量」と複合語が造れる。「多少、若干、いくらか」は、人数、量、食糧、書籍、衣類のような、人や物品の数量を表し得る点、具体性がある。その点「幾分」は、「幾分……寒い／その気がある／元気を取り戻す／多い」と抽象的な状態に係り、最も具体性に乏しい。

すこぶる　副詞

もと「頗る」と書いた。古代においては程度の少なさの形容にも用いたが、現代語では状態の程度のはなはだしさのみを表す。

分析　主として形容詞・形容動詞に係って、その状態がきわめて高い程度であることを表す。

「この小説はすこぶる面白い」「あんな失礼なことを言われてはすこぶる面白くない」「この地方は湿度が高く、おまけにすこぶる暑いときている」「不快指数はすこぶる高く、汗が止まらぬほどである」「夜はすこぶる静かで、狐につままれそうです」「エンジンはすこぶる快調」「私はすこぶる不愉快だ」「家族一同すこぶる元気ですので、ご安心ください」「接触部分がすこぶる薄い」

動詞に係る場合は「余はすこぶる満足したぞよ」「すこぶる安心致しました」「彼は上が

るどころか、すこぶる落ち着いていた」「今日はすこぶる疲れた」「心臓がすこぶる弱っていて、予断を許さぬ」のように、いずれも精神や体、その他の物質などがある様子になっているという状態性を表し、いわゆる純然たる動作性の「今日はすこぶる働いた」とか「雨がすこぶる降った」のような言い方はあまりしない。

関連語　おおいに

「大きに」のイ音便形。「すこぶる」と違って、単に状態性の程度のはなはだしさを表すのではない。その行為や状態変化、状況などが表す内容の量の大きさを前提としている。したがって動詞に係ることが多い。

「余は大いに満足じゃ」「私は大いに賛成です」「私には不満が大いにある」「お前にも責任が大いにある」「この辺の町の様子は昔とは大いに変わった」「今夜は大いに飲み、かつ大いに騒ごうじゃないか」「当選者、大いに語る」

飲み、騒ぎ、語る内容量の多さである。満足・賛成など一見量観念がないようにみえるが、やはり条件とする内容の多さを意識としてとらえ、満足量などの多さを問題としているのである。このような量観念の多さを持たない「接触部分がすこぶる薄い」を「大いに薄い」と言い換えることはできない。「すこぶる」は程度の強調ゆえ、量観念に左右されず、また、量や程度のプラス方向とマイナス方向のどちらも修飾できる。「大いに」はプラス方向のみで、マイナス方向の意味を含まない。「大いに飲もう」は〝たくさん飲むこと〟であって「大いに」自体がプラスの量観念を表している。「大いに小さい」とか「大いに少ない」は意味的に矛盾する。

関連語　たいそう　だいぶ　ずいぶん

「大層」は、⑴「今日はたいそう寒い」「たいそう珍しい品」のように副詞として働くほか、⑵「たいそうな人出」「あんまりたいそうに言うものだから、びっくりしてしまいました」のように形容動詞としても働く。⑵は「たいそうなご邸宅」「たいそうなごちそう」「たいそうなご立腹」のように、普通のレベルをはるかに超えた超弩級《ちょうどきゅう》のスケールや程度を表す。「ごたいそうな」の言い方もみられる。「大層」⑴はかなり丁寧な文体に用いられ、改まり表現として使用される。「今日はたいそうお寒うございます」のように用い、「今日はえらく寒いね」のようなぶっきらぼうな言い方には「たいそう」は使えない。⇩たいへん（一三九頁）

「大分」は「だいぶ／だいぶん」両形がみられる。「すこぶる」「たいそう」に比べると、程度性は低い。〝かなりのところ〟で、まだ極限には至っていない余裕を残した段階である。「大層」が「たいそうな人出」のように連体修飾の形を持っていたのに対し、「大分」にはその用法がない。

「病気はだいぶ重い」「だいぶ寒くなってきた」「病人はだいぶ元気になったから、もう心配はあるまい」「列車はだいぶ遅れてしまった」「悪い癖はだいぶ取れた」

事柄の程度がかなりのところまで来ていることを表し、その根底に、その事柄が進行性で、この先さらに程度が進むことを言外に含んでいる。「だいぶ冷えてきた」はさらに冷え込みが厳しくなっていくことを暗示しているのである。また、主として動詞に係って、ある行為や現象の結果を示す言い方にも用いる。

「今度の事件にはだいぶこたえたらしい」「試験はだいぶむずかしかったようだ」「今日はだいぶ働いた」「だいぶ疲れた」「だいぶ片付いた」「かなりの大火で町はだいぶ焼けたようだ」

これは〝まだ極限・限界ではないが、相当量・相当程度〟という量や程度の大きさを表す。⇩よほど（二七四頁）

「随分」は副詞と形容動詞とに働く。

(1)形容動詞として用いると

「ののしって追い返すとは、ずいぶんな仕打ちだ」「何も怒鳴らなくてもいいでしょう。人前で偉ぶるとは随分だわ」「無視するとは随分な」

のように〝ひどい〟〝意地悪だ〟〝あんまりだ〟のマイナス状態となる。もと〝その当人の分に相応した〟の意味で、語源的にはマイナス状態とは限らない。

(2)副詞として用いると、単にその程度のはなはだしさを表すだけとなる。「ずいぶんと」の形も用いられる。⇩かなり（六三頁）

「ずいぶんと辛《つら》いこともあっただろうね」「ずいぶん元気になったね」「ずいぶんとひどいことを言われた」「ずいぶん意地悪だ」「さすが北国というだけあって、ずいぶん寒いね」「ずいぶん雪が降ったな」「ずいぶん捜したが見つからなかった」「ずいぶんがんばった」「ずいぶんと歩き回った」「ずいぶん待たされた」

状態性・動作性いずれにも係り、プラス・マイナスどちらの評価にも言える使用幅の広い語である。

すっかり　副詞

動詞に係って、〝ある事物が一つ残らず完全に〟の意を添える。

分析　行為・作用・現象などの及ぶ対象が数量的な事物か否かで意味に多少の差が出てくる。

1 数量的な事物に対して作用が及び、それが完全にある状態へと移行すること。

「あんなに積もった雪も今日の暖かさですっかり融けた」「今日の分のノルマはすっかり終わった」「一晩寝たら、せっかく覚えた単語をすっかり忘れてしまった」

「今日進んだ分の英語はすっかり覚えた」「タイヤの空気がすっかり抜けてしまったらしい」「買っておいた米がすっかりなくなってしまった」「空巣に入られてすっかり持って行かれた」「今日で定期試験はすっかり終わった」「人間ドックに入って体中をすっかり調べてもらいました」「司会者は式次第をすっかり覚えているらしい」「さ、知ってる事は何でもすっかり吐いちゃいな。大方の調べはついてるんだからな」

その対象とする事物に行為や作用が及んで、存在した全体がゼロへと完全に移行すること（移す側）。もしくは、ゼロの所へ完全に全体が移行すること（移された側）。

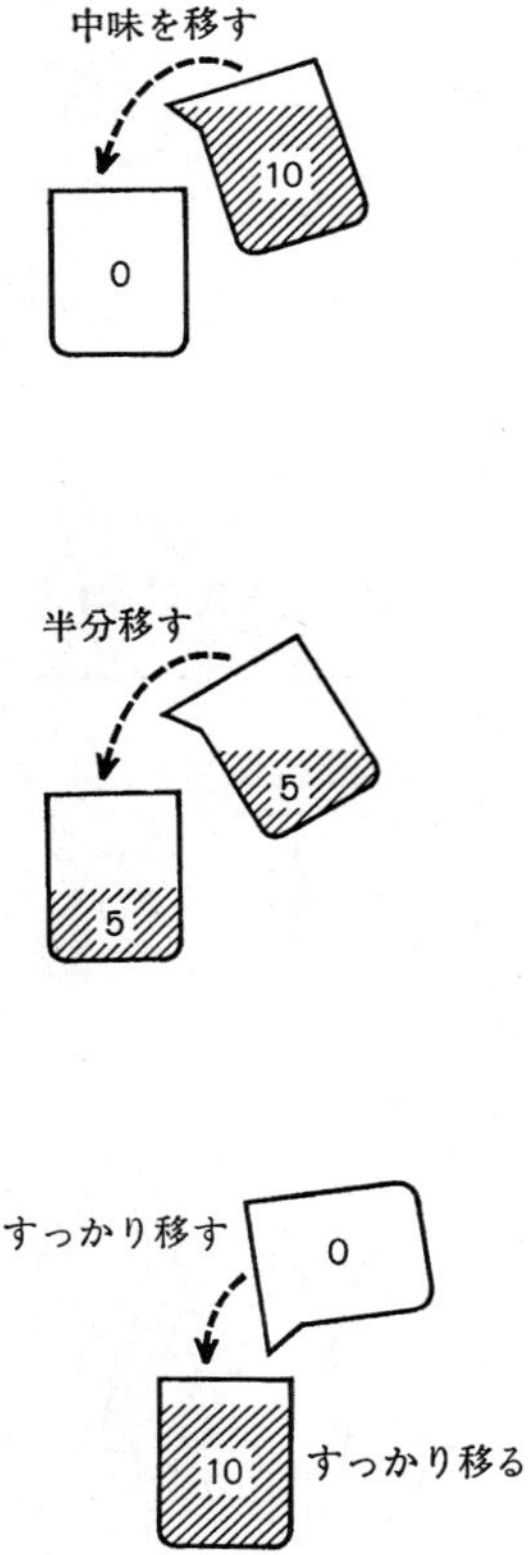

すっかり忘れた
0
10
10

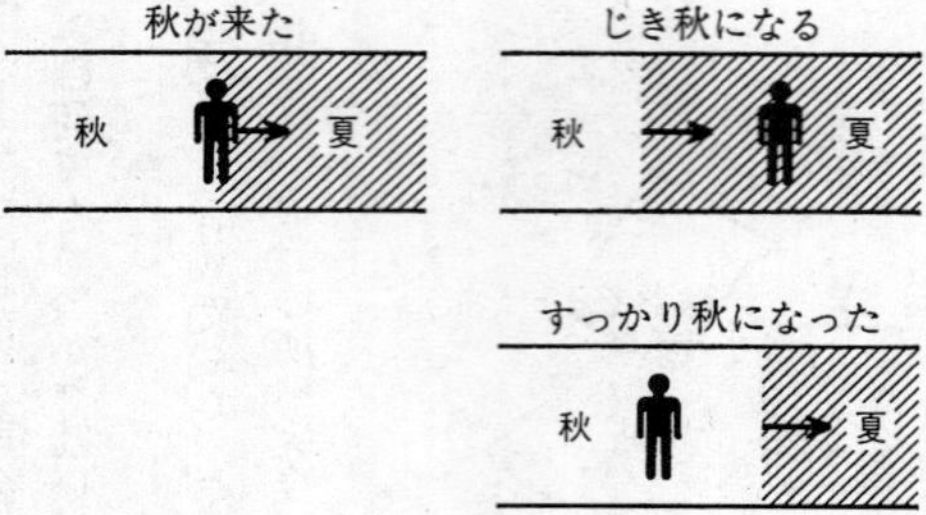
秋が来た
秋
夏
じき秋になる
秋
夏
すっかり秋になった
秋
夏

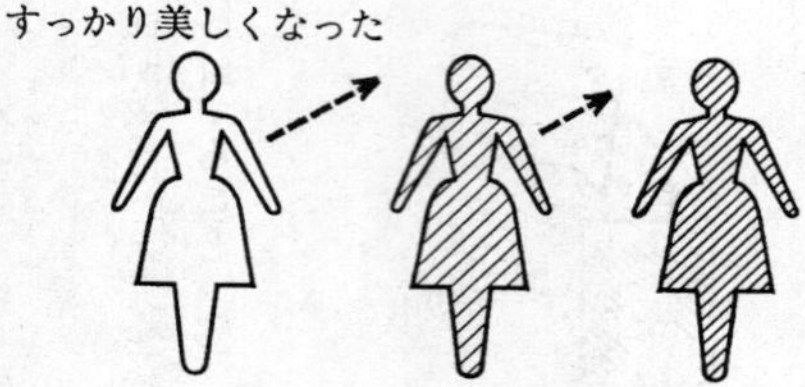
すっかり美しくなった

1の「すっかり」は、このような数量的なものの移行を前提としているため、ただ「すべて」を指すだけの場合には使えない。「すべて私の物だ」は「すっかり」では置き換えられない。移行を表す「すべて私がちょうだいした」なら、「すっかり私がちょうだいした」と言える。〝十の物を全部〟という意識は〝完全に〟の意識でもある。「角砂糖がすっかり溶けた」は〝全部溶けた〟のであり、同時に〝完全に溶けた〟のでもある。両者は同じことなのである。⇩みな（二三三頁）

2数量的にはかれない事柄の場合には〝完全に〟の意のみが強調される。「病気がすっかり治った」「準備はすっかり整った」「クリーニングに出したら汚れがすっかり落ちた」

などは〝全部〟の意も感じられる。

「猛威をふるったインフルエンザもすっかり下火になった」「今日国語の試験のあるのをすっかり忘れていました」「長いことアメリカにいただけあって、すっかりこなれた英語になったね」「もうススキの穂が出て、高原はすっかり秋の気配である」「娘になってすっかり美しくなったね」「すっかり夜が明けた」「道をすっかりまちがえたらしい」

せいぜい〔精精〕副詞

より以上の状態・レベルに達するよう精いっぱい行うこと。その背後には、そのように精いっぱいおこなって、到達可能な上限を設定する意識がある。

分析1 「遊べるときに、せいぜい遊んでおこう」「せいぜい頑張りたまえ」「お得意様ですから、せいぜい勉強しておきます」「若いんだから、せいぜい勉強しなさい」など。

大いに努力を傾けるという点で「できるだけ」と共通する。ただし、「できるだけ」は「なるべく／できるだけ／できるかぎり」の対応からも分かるように、「せいぜい」のような限度の設定がなく、プラス方向・マイナス方向へ無限に広がる可能性の中で、能力や状況の可能なかぎり、より最高に近く、事を行うことである。

「できるだけピッチを上げろ」「できるだけ速く走れ」「できるだけゆっくり歩いてください」「できるだけ裕福な生活を送りたい」

一方、「せいぜい」は、ある限界内での努力を尽くすことである。「今のうちにせいぜい寝ておこう」には、期間の制限があり、「せいぜい勉強します」は卸値を割らない範囲という金額の制限がある。無制限にいつまでも、いくらでもとはいかない。〝プラス・マイナス両方向における、ある限度内で〟という前提のもとでの努力意識が「せいぜい」である。だから「せいぜい儲けさせていただきます」と言われても、常識的な限界が相互に認

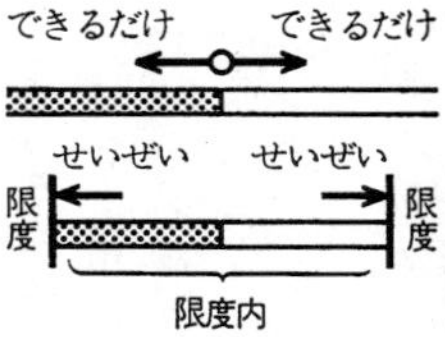

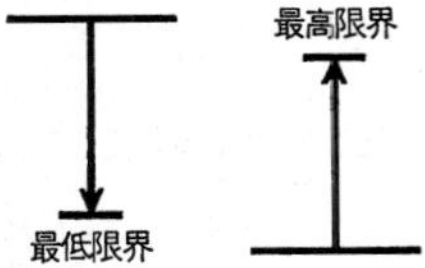

識されているから驚かない。客は安さの限界を設けないので、「できるだけ安くしろ」と言うが、店主は「百円お引きするのがせいぜいです」と、値引きの限度を意識した言葉を使う。

分析2 「せいぜい」が、ある限度内での努力を表すところから、〝どんなに努力してみてもその限度を超えない〟という逆の見方も成り立つ。

「いくら頑張っても一日せいぜい二十ページしか訳せない」「どんなに勉強してもせいぜい七十五点ぐらいだろう」「利潤はせいぜい二割止まりか」「いくら抵抗してみたところで、現状維持がせいぜいだ」「僕の実力じゃ四級がせいぜいというところだ」など。

ある限界点があって、それ以上を希望し期待しても無理だとあきらめる意識から、最高に見積もってもその限界値、悪くすればそれ以下という行為の結果を見越した発想である。

関連語 **少なくとも**

「せいぜい」の逆の発想は「少なくとも」である。ある限界点があって、最低の場合でもその限界値以下はありえない、あってはならない、

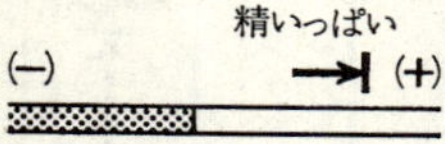

それ以上であるべきだ、という発想である。恐らくそれより多いであろう、という数量・数値概念を表す場合が多い。

「入場者の数は少なくとも三千人は下るまい」「儲けは少なくとも二万円にはなる」など。

数量・数値概念でない場合には、希望・期待の最低線を設定する意識となる。

「毎日少なくとも二時間は勉強しなさい」「少なくとも謝罪広告ぐらいは出すべきだ」「少なくとも葉書一枚ぐらいよこしていいはずなのに」

これは「せめて」の発想と一致する。

関連語 **たかだか**

〝どんなに多く見積もっても〟という意識で、「せいぜい」と共通する。ただし「せいぜい」は、その事物に対し、こちらが努力を十分に傾けてみてその限界値を示す発想で、より上のレベルや値を強く望みながらも意にまかせず、その限界で止まるようすを表す。それに対し「たかだか」には、特に当人の努力を尽くすという前提はない。ただ対象を傍観して、

「入場者はたかだか百人だ」「どんなに高く見積もってもたかだか三百円の代物」

と、軽視する気持ちが含まれている。「やっと」に近い。⇩やっと（二六一頁）

関連語　**精いっぱい**

「精いっぱい頑張りますから、どうぞご支援のほどを」「あれで精いっぱいの努力をしてるんだよ」「精いっぱいの我慢」「八十点取るのが精いっぱいだ」「寄付金は一口一万円が精いっぱいというところだ」「お客様、これで精いっぱいのお値段なんですよ」

力の限りを尽くした最高の限界値を言う。それ以上、僅かでも努力を重ねることは能力的に不可能で、破綻《はたん》が生じるという状態に用いる。「せいぜい」は能力や状況からあらかじめ限度が決まっており、その限度内でより限度に近づくよう努力することを意味するが、「精いっぱい」は、それ以上は無理という限界点を当人の力を最高に注いだ結果としてとらえた言い方である。「できるかぎり」に近い。副詞的用法以外にも、連体法、述語的用法などがあり、変化に富む。

たいへん　〔大変〕　形容動詞　副詞

甚《はなは》だしいマイナス状態を表す形容動詞。単に程度のはなはだしさを表す使い方も多い。

分析　「国家の大変」など、〝大きな変事〟を表す名詞であったが、名詞に係る連体修飾語として「大変な事件」、述語として「これは大変だ」の形で〝その事柄が普通と違う状態ゆえ、並一通りのことではすまないマイナス状態だ〃の意を表すようになった。「大変な失敗」という場合、その大失敗が捨て置けない大きなマイナス状態であるということだが、「大変な雪」となると、大雪のため事後処理の労苦や、人間生活に与える悪影響など、マイナス状態の大きさよりは、大雪に対する驚嘆の度の大きさであろう。さらに「大変な喜びよう」となると、単に程度のはなはだしさを表すだけとなる。これは「大変な／大変に」の連体形・連用形に見られる用法である。さらに、語尾が落ちた形で副詞として用いる「たいへん」は、完全に程度強調の働きだけに固まってしまっている。⇩すこぶる（一二八頁）

1マイナス状態のはなはだしさを表す段階

「大変なことをしでかしてしまった」「大変な間違い」「大変な目に遭った」「大変な事件」「試験が近づいて大変になってきた」「大変だ！　火事だ」「そいつは大変」「落第したら大変だ」

2程度強調

(1)マイナス状態にある程度強調

「大変な寒さ」「大変な混雑」「大変な苦しみよう」「大変に危険な作業です」「大変失礼いたしました」「時計が大変遅れる」

「大変……暑い、忙しい、うるさい、貧乏だ、困ったことだ、みじめだ、疲れた」

(2)プラス状態にある程度強調
「大変な喜び」「大変な歓迎ぶり」「大変な賑わい」「大変においしい」「大変面白い小説」「大変うれしい」「大変元気です」「大変活発な人だ」「今日は大変よく働いた」「大変頑張った」

関連語　**非常に**

「ひじょう」も、「ひじょうな暑さ」「ひじょうに暑い」と、程度のはなはだしさを表す。「たいへん」と違って述語「非常だ」の形はなく、また、「に」を落とした「非常」だけでは副詞にはならない。本来「非常の事態」のように、ふだんと違う〝変事〟を指す名詞である。「非常口／非常階段／非常手段／非常線／非常事態」など複合名詞を造る漢語である。

「非常に」は、「それはひじょうに危険な作業である」「ひじょうに優れた研究として、広く学界でも認められている」のように、文章中で使われる場合には自然であるが、くだけた会話中では落ち着かない場合が出てくる。「ああ、ひじょうに疲れた」などとは言わない。「たいへん」も改まり表現なら「今日は大変疲れましたね」と自然だが、くだけた表現中ではやはり不自然となる。「とても／とっても」「すごく」などが代わって使われる。

⇩はげしい（一九六頁）

「ひじょうに」は文章中、および改まった会話中でも用い、「たいへん」は改まった会話中および文章中でも用いられるのに対し、「とても」は広く会話中で用いられる。それだけ「とても」は主観のかった語であり、逆に「ひじょうに」は事柄の程度を客観的に叙する語なのである。

たしか〔確か〕形容動詞　副詞

ある対象や事柄に対し、なんらかの拠り所をもとに、それが間違いなく成り立つという判断。

分析1 「お手紙、確かに受け取りました」「なるほど、言われてみれば確かにそうだ」「君の言うとおり、確かにぼくが悪い」「ロケットが金星に着陸したことは確かだ」「確かな事実に基づく報告書」「SOSをキャッチした以上、遭難船は確かにまだ沈没していない」「特効薬がまだ開発されていないのだから、病気が治るという確かな望みはない」「確かな手応え」など。

根拠としては自身の経験、他人の証言、客観的なデータなどいろいろあるが、それに基づいて、行為や事柄が間違いなく成立しているとする主観的な判断。勝手な推測や想像に基づいた判断ではなく、認知ずみ、証明ずみの事柄を根拠としているところから、責任を持って断言できると判断する言い方である（事柄の成立を断言できない状態は「不確か」になる）。したがって、「お手紙、確かに受け取りました」は、受け取るという行為が間違いなく成立したという判断である。これが「間違いなく受け取りました」「正確に受け取りました」では、内容にかかわる判断となり、〝手紙の内容を誤解なく、正しく読み取った〟の意になる（内容にかかわる判断が十分でない状態は「あやふや」である）。

自信を持って事柄の成立を断言できるということは、「確かな目（鑑識眼）」「確かな方法」と言うように、判断ややり方に狂いがなく、失敗が起こらないという状況があるからである。そこから〝安心して信用できる〟という内容判断へと転化していく。

確かな……技術、腕、商売、根拠、報告、答え、人物

「確かな腕の職人」「確かな筋からの情報なので、信用していい」「確かな会社」など。

間違いが少ない→危険性が低い→信頼度が高い、という事物の内容判断となる。

分析2 「確か」は、事柄の成立を、ある客観的根拠をもとに〝間違いなく〟と判断する働きを持つ。そこで、話し手自身の記憶による事実を受けると、〝判断の根拠は記憶なので不確かだが、その記憶が正しいとすればその事柄は間違いなく成立するはずだ〟という含みを持った表現となる。「おとといの夕飯は確かカレーだったと思う」「確か十日前のことだ」「今日は確か父の日だったね」「不正乗車をすると、確か三倍の運賃を取られるんだよ」「これは確かあなたのでしたね」「あれは確か山田博士の説じゃなかったか」「確か明

日の午後日本に着くはずだ」「来月の十日は確か水曜日だったと思う」「あなた様は確か田中さんでしたね」「その人の名前は確か田中といったよ」

過去・現在・未来、仮定、確認、いずれの場合にも使える。対象は必ず自身がかつて承知していた事実、記憶、既知の事柄などである。

関連語　**明らか**

「明らか」は本来は明るくて物がはっきり見えるさまを表すが、抽象的な事柄に対して、それがだれにでもおのずと分かるような、はっきりしている状態を言うのに用いる。「犯人が彼であることは明らかだ」のような場合、「確か」と相通ずるが、「確か」は話し手自身の判断として、その事柄が間違いなく成り立つと、自信を持って断定する気持ちである。それに対し「明らか」は、だれにでもはっきりそうと分かるほど真相が現れているという気持ちである。「確か」は個人的意見を前面に出し、「明らか」は、もっと普遍的な立場から状態を見ている。「ぼくの責任でないことだけは確かだ」は自分の信念に基づいた判断なので、他人はだれ一人支持しなくてもよい。「明らかだ」を用いると、〝だれでもみなそう思うように、これは明々白々たる事実だ。当然皆が支持する〟という見解になる。これは「明白」に通じる。

「明らかに彼の負けだ」「足は明らかに土俵の外に出ていた」など副詞的用法の場合も、

「確か」とは意識に差がある。

「火を見るより明らかだ」「明らかな事実」「読んでいくうちに、だれが犯人か次第に明らかになる」などは、〝その事柄が際立っているため、すぐに了解がつく、判明する〟の意味である。「明瞭」のような〝感覚的にとらえられる事柄の明白さ〟でも、「はっきり」のような〝感覚および知覚にあいまいさがない状態〟とも違う。「発音は明瞭に」「発音ははっきりと」「頭がはっきりする」「はっきりした性格」などは「明らか」では言い換えられない。

たちまち〔忽ち〕副詞

ある状況が短時間のうちにその場で成立するさま。「たちまちのうちに」の形も用いる。

分析1 「山のように積んであった品物がたちまち売り切れてしまった」「堤防が切れたと見るや、激しく押し寄せてくる水に家々はたちまち押し流されてしまった」「黒雲が空を覆ったとみると、たちまち大粒の雨が降り出した」

「たちまち」は状況の変化がかなりの短時間で成立することで、ある時間の長さが必要である。それも、急激な状況変化の場面に話者が位置して直接体験をしている場合の表現である。「この子はどんなおもちゃを与えても、たちまち壊してしまうんだよ」も、現に目の前で壊してしまうという意識である。この点、体験意識がなく瞬時に成立するさまを表す「立ちどころに」「即座に」「すぐに」とは意味を異にする。⇩すぐ（一一五頁）

分析2 「たちまち」は場面的状況の中で用いられる語なので、多くは感覚器官でとらえられる現象に用いる。「栓をひねると、たちまち水槽が水で一杯になる」のような視覚現象の外、「たちまち起こる万歳の声」など、その場における聴覚的現象にも言う。その他、「たちまち雨が降ってきた」など。

関連語 **あっという間に　瞬く間に**

「山盛りの料理がたちまちのうちに無くなった。皆、食欲旺盛だ」などは、刻々と変わる変化のさまが目でとらえられる。しかし、その変化のさまが目でとらえられない場合は、「あっという間に」「瞬く間に」が用いられる。「ここに置いといたぼくの鞄が、たちまちのうちに無くなった」とは言わない。「あっという間に」である。「あっという間もあらばこそ……」「あっという間にどこかへ消えてしまった」「あんなに楽しみにしていた修学旅行も、あっという間に過ぎてしまった」「長いと思った夏休みも過ぎてみれば、あっという間だ」「よほど腹が空いたのだろう。あっという間に二皿平らげた」など。

「瞬く間に」も同様に用い、

「山盛りのご飯を瞬く間に平らげた」「瞬く間に売り尽くした」「連休の三日間が瞬く間に

過ぎた」などと言う。

「瞬く間に／あっという間に」は状況変化だけをさすとはかぎらない。「たちまち」よりも、さらに短いという短時間意識も表す。この場合は、現実には長い時間でもかまわない。

「アメリカ留学の三年間が瞬く間に過ぎた／あっという間に過ぎた」など。

あくまで話し手の観念として時間の長短をとらえている。

関連語 **見る見る　見るまに**

共に場面的状況の中で用いられる語。その点「たちまち」に似ている。ただし、「たちまち」は体験意識としての短時間の状況変化を表す。「みるみる／みるまに」は「見ているうちに」で、現実にその場面にあって視覚的状況変化に接している場合で、刻々に移り変わる視覚的状況でなければ使えない。

「黒雲が空を覆ったかと思うと、たちまち辺りは薄暗くなった」は「みるまに」等でも言い表せるが、「たちまち辺りは騒然となった」は言い換えられない。

「彼は憤然として立ち上がるや、見る見る顔色が変わった」「火の手は見る見るうちに広がった」「黒雲が湧き出たと思ったら、見るまに辺りは薄暗くなってきた」

「見る見るうちに」の形も用いられる。

たった　連体詞

数量や時間が極めて少ないことに対して期待はずれの、もしくは驚異の気持ちを添えて、その少なさを強調する語。「たった／たったの」両形が見られる。

分析1　本来は副詞「ただ」を用いて、「ただ今」「ただ一人」のように用いたが、口頭語として音便化し、「たった今」「たった一人」の形を生んだ。俗語であったが、現在では普通に用いられる。

分析2　極端に少ない数量を表す語に係る。名詞としては「今」、「これだけ、これしき、これっぽっち、これっぱかり」など少量を表す語、および「数日、数分、数人、数名、数個……」など数の少ないことを表す語に付く。

(1)名詞に付く

「バスはたった今出たところです」「なあんだ、たったのこれだけか。少ないなあ」「たったこれしきの仕事に音《ね》を上げるようじゃ、だめだ」「たった数秒の違いで汽車に乗りおくれてしまった」「たった半分」

「たった今」は、〝今よりちょっと前〟という経過時間の短さを指す。

(2)数詞に付く

「まだ子供なのに、たった一人でよく田舎まで帰って来られたね」「たった二、三メートルの幅しかない川で溺れてしまった」「たったの十円ではバスにも乗れない」「二千名合格して、無事卒業できたのは、たったの百名だった」「太平の眠りをさます上喜撰《じようきせん》たった四はいで夜も眠れず」（佐久長敬《さくながたか》の日記、嘉永《かえい》六年六月七日）、「バイキング（＝火星ロケット）の小さな標本は、たった十分の一立方センチメートルの土壌であり、そんなに多くの生きている微生物を含んでいそうにはなかった」

名詞、数詞以外の語に係る言い方、たとえば「たった少しの間違い」とか、「たった少し前に帰った」「たったちょっとのことで……」「たった僅かの誤差」「たったしばらくのうち」などは、まだ熟し切っていないようである。程度強調の段階まで進んでいない。

関連語　**ほんの**

「ほんの」も数量の少なさを表すが、程度を表す「ほんの少し」「ほんの僅か」「ほんのタッチの差で敗れた」や、取るに足りない意の「ほんの子供だ」「ほんのおしるしまで」のような使い方もあり、「たった」より用法の領域は広い。

たまたま　副詞

「たま」は、かなり間をおいて物事が起こるさま。その繰り返し形式によって、その起こ

る回数が「たま」より多くなる場合と、間のおき方が大きくなる場合とがある。⇩たまに（二五二頁）

分析 (1)「たま」より回数が多くなる場合

「たまたま」と畳語《じょうご》形式をとることにより、「たま」が強調されるが、強調される箇所が、物事の起こる回数に置かれる場合である。「たまに」より起こる度合いがやや多いことを表す。「稀《まれ》に」などと違って、繰り返し生起する物事に対して用い、その生起の回数が「たまに」より多い。結果的に、生起間隔が「たまに」よりつづまる。〝かなり間を置いて忘れたころにではあるが、二度ならず三度〟である。

「たまたま身辺のことなどをつづった手紙を寄越すだけで、それ以上の音信は特にない」

「あの人とはたまたま同じバスに乗り合わせることがあるが、特に顔見知りというわけでもなし、ことばを交わしたこともない」

(2)「たま」よりも間隔の開きが大きくなる場合

〝たまにたまに〟つまり〝極めてたまに〟の意味である。自分の意思とは無関係に、あるいは、そうとは知らず、その当人がある状況に身を置いてしまったのであるが、それが特別の意味を持った状況であった場合に用いる。そのような特別の状況にはからずも身を置くということは、ほとんど絶無に近いたまにしか起こらぬことゆえ、その出食わした当人からみれば〝偶然に〟〝ちょうどそのおりもおり〟〝実に思いがけなくも〟といった気分が伴う。期せずしてある特別の状況や事態に出会い、かかわりが出来たのである。「たまたま声を掛けた相手が犯人だった」「たまたま泊まり合わせた客が話題の人物だったとは」「たまたま開いたページに捜していた説明が載っていた」「通りへ出たところで、たまたまその事故を目撃したというわけです」「たまたま耳にしたうわさ」

関連語　**ときおり　ときたま**

「時折」「時たま」とも、物事の間隔がかなり開いて起こるさま。「たま」が付くだけ「時たま」の方が間が開く感じであるが、あまり差はない。「監視が時折巡回はするが、これといって不審な点は今までに一度もなかった」「時折小雨がぱらつく程度で、大したことはなかった」「食後に果物がつくのは時たまのことで、普段は出ない」「時たま映画や芝居を見に行くくらいで、あまり娯楽というものに縁がなかった」「時たまの御出勤とは結構な御身分で」「師匠は厳しい方で、弟子を賞めることなど時たまにしかない」

「時折……する／……がある」「時たま……する／……がある」「時たまにしか……ない」と表現の形に差がみられる。「客など時たまにしか訪れない」と否定形式と呼応する言い方があるところからも、「時たま」は「めったに……ない」に近く、「時折」より不定期で、確率は低いようである。⇩めったに（二四八頁）

たまさか

関連語 「たまに」にきわめて近く、生起の確率はかなり低い。「たまさかにしか起こらない事件」「そういうこともたまさかある／たまさか起こる」と動詞に係るほか、「たまさかの逢《お》う瀬を楽しむ」「たまさかの来客に大あわてする」と「～の」の形で名詞に係る用法も持つ。「たまさか出会った小学校時代の同級生と、昔話に花が咲く」のように、〝思いがけず〟の気持ちを伴う例もみられ、「たまたま」に近づく。

たまに　副詞

かなり間《ま》をおいて物事が起こる、ないしは物事を起こす様子。名詞「たま」に「に」の付いたもので、他に「たまの」の形も用いる。

分析1 「時たま」の語からもわかるように、事の生起がある時を置いて繰り返されはするが、その間隔がかなり開いている（と感じる）状態。以前に例がなかったとか、今後絶対に起こる可能性のない事柄とかには「たま」は使えない。「たまに／たまの」と言う以上、過去か未来における繰り返しを意識している。

「惑星直列というたまにしか起こらない珍しい現象」「日本でもたまに日食が見られる」「たまに見掛ける顔だ」「たまにはゆっくり骨休めするとしよう」「先生だってたまにはま

ちがえることがある」

しょっちゅうではない。その頻度はかなり低いので、当然時間的に間があく。しかし、一回限りのことではない。「の」を伴う場合も同じである。

「たまの日曜日ぐらい家でゆっくり休みたい」

日曜日は毎週必ずやってくる。しかし、連日勤めている者にとっては、七日めごとの日曜日はかなり間《ま》をおいたもの、やっとめぐって来た日という感覚であろう。「たま」で示される時の隔たりは事柄によって異なり、一律にはいかない。「たまの日食」なら何十年ぶりかであっても、「たまの日曜日」なら七日めのことなのである。

分析2 「たまに／たまの」は、意識的に起こす場合も偶然に起こる場合にも使える。

「彼女は置いてきた子供とたまに会っているらしい」「喫茶店にだってたまには行くよ」「たまの逢《お》う瀬」「たまには試験をしましょう」「途中で事故に遭うこともたまにはありますから、いつもよく気をつけていなさい」「道であの暴走族とたまに遭うことがある」「たまの機会」「たまの休み」「たまに訪れるチャンスを物にしよう」「温暖な当地でも、たまには雪が降ります」「日本ではマグニチュード5以上という地震もたまにはある」「たまの大雪」「たまに大雪が降ると、鉄道はすぐ止まる」

ひさしぶり

関連語 「久しぶり」も時の隔たりという点では共通するが、これは前回から今回までの間のみを考慮し、繰り返しを問題としない。長いこと訪れてこなかった事態がやっと起こるという待ちわびと、それを迎える待ち設けた気持ちとが添う。過去のことにも未来のことにも使える。

「久しぶりに雨のあがった日曜日、予定どおり下宿さがしに行く」「中学時代の先生にお目にかかったのは実に久しぶりのことでした」「やあ久しぶり。元気かね」「久しぶりに芝居でも見に行こうじゃないか」「この地方に雹《ひょう》が降るのは実に久しぶりのことだ」

「久しぶり」に待ち望む気持ちがあるため、極端にマイナスな事柄に使うと不自然な日本語となる。「東京に久しぶりの大地震来るか」とか、「久しぶりに先生に叱られた」などとは言わない。

関連語 まれに

「稀……なら／に／だ／な／(の)／だ」と形容動詞に活用して、極めて少ない、めったに生じない事態を形容する。「たまに」と違って、その一回だけと意識する現象にも使える。〝皆無ではないがほとんど生じない〟という例外意識である。

「理屈では説明できない現象も広い世の中には稀にあるかもしれない」「稀にしかない病

気」「世にも稀な病気」「そんな病気は稀にしか、かからない」「どんな珍しい病気でも広い世界のこと、稀にはある」「稀に見る病気」

同じような例は他にあるにしても、繰り返し起こるということを前提にしていない。生起の時間的頻度を問題としているのではなくて、事例の存在の少なさを問題としているのである。

いかに間があいても周期的に必ず繰り返される現象、たとえば「たまの有給休暇」は「稀な／稀にある」ではおかしい。一方、「日本でも日食はたまに起る」「日本でも皆既《かいき》日《にっ》食《しょく》は稀に起こる」は、不規則な現象だからどちらも可能なのである。

たりる〔足りる〕自動詞

ある目的を達するのに必要な分（基準値）だけ数や量があるから、補わないですむ。必要を満たす分だけあるから不足が生じない。

そのように、マイナス分を出さずに、今ある数量で事をすませるのが「足らす」。

分析1 (1)「Cガ足りる／Cガ足りない」

「足りる」は、否定形「足りない」と用法上一致しない。肯定形は、

「試験はやさしかったから、時間はじゅうぶん足りた」「電車賃は千円もあれば足りるで

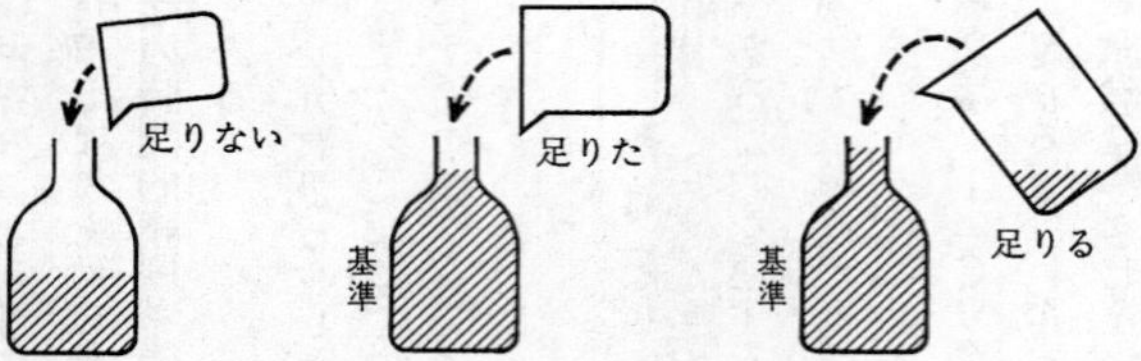

しょう」「校庭の大掃除は二十人もいれば足ります」「これだけご飯や料理があれば、いくら腹が空いていても足りますよ」「新弟子検査の合格基準に体重は足りたが、身長が二センチ足りない」

のように、時間、金銭、人数、物の量、長さや重さなど数量概念を持つ名詞を受けて用いられる。ある目的を満たすのに必要とするだけの数や量があるから、目的は遂行できるのである。これら数量概念の語はもちろん「時間が足りない」「人数が足りない」「釣り銭が足りない」と否定形でも用いることができる。

(2)「AハCガ足りない」

ところが「足りない」には、具体的な数や量でない事柄にも使う。「勉強が足りない」「練習が足りない」「力が足りない」などは「勉強量、練習量……が足りない」と量概念を語として示すことができる。したがって「勉強は足りている」のように言うこともできる。

「スタミナが足りない」「体力が足りない」「スピードが足りない」になると量概念から程度概念への移行が見られ、「足りる／足りている」の肯定形が使いにくくなる。

「温かみの足りない人」「説明の足りないところは君が補ってくれた

まえ」「努力、頑張り、誠意、熱意、愛情、思いやり、理解、分別、思慮、工夫、読み……が足りない」などでは、行為の深さや程度だけが問題とされるため、肯定形は成立しない。「思慮が足りる」のような言い方はできない。〝不足する〟〝不足している〟の〝不足〟に当たる。

「足りない」が行為の程度ではなく、状態性だけを表すようになると、数量を表す場合でも肯定形は成り立ちにくくなる。

「この澄まし汁は塩が足りない／塩気が足りない」「このリンゴは甘味が足りない」「彼女は色気が足りない」「威厳が足りない」「脂肪分の足りない食事」

〝知恵が足りない〟意で、「おつむが足りない」とか、単に「足りない人」のように言うが、これも、この状態化の固定した言い方である。もちろん「足りる人」とは言えない。「足りない」は形容詞化している。

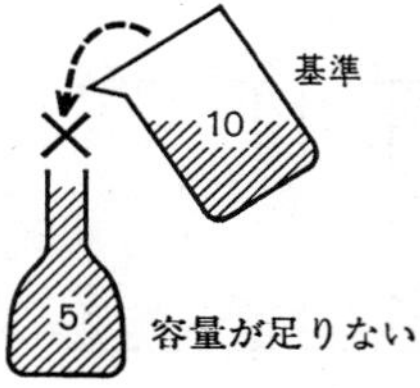

分析2　「Dガ足りる」の形で、「子供では用が足りない」「この辞書一冊でじゅうぶん事が足りている」のように言うことがある。Dは「足りる／足りない」数量の主体ではなく、足りた（もしくは足りない）状態にある事柄である。この場合の「足りる」は〝間《ま》に合う〟に相当する。「この瓶では容量が足りない」10ccの物を納めねばならぬのに容量が5ccしか

なければ、あと5cc分は足りないわけである。必要を満たすのに不じゅうぶんな状態を「容量が足りない」と量概念で表すほかに、基準量を納める用途として、その目的を満たすことができないという発想から、「この瓶では用が足りない」とも言い表せるのである。

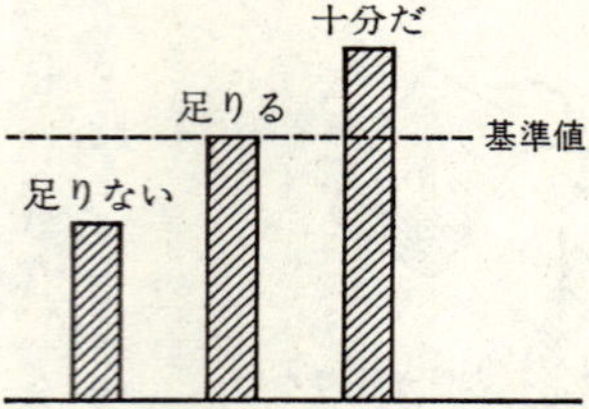

分析3 「AハCデ足りる／AヲCデ足らす」

その目的に向け得る数量（C）で、必要量（A）が埋められれば「足りる」である。「AハCデ足りる」文型をとり、「足りる」は〝じゅうぶんだ〟の意となる。

「この程度の仕事なら三日もあれば足りる」「米は一日二合で足りる」「掃除当番は交替でやるから五人で足りるでしょう」「トラック三台で足りる程度の貨物量」「これっぽっちのご飯では足りない」「小遣いは月これだけでは足りません」「それで足りるだろう」

数量概念を含む語をさらに「Cデ」で限定し、〝それだけの数量があれば目的を達するのに支障はない〟ことを表す。「努力、思慮、熱意」のような程度概念しか予想できない名詞は、Aに立てることができない。この文型は、Aを基準として、そのAを満たすのにCの数量で可能か否かを問題とする。Cが基準Aに対して幾分少なめであるにもかからず、無理にCの範囲でAをすませてしまうのは「足らす」である。「ちょっと無理かと思ったけれど、予算の範囲内で何とか足らしました」「建築費の借金返済もあるのに、月々の給料で足らそうとすることが、どだい無理だ」

関連語　じゅうぶん

「十分だ／不十分だ」「……で十分だ」「十分（に）……する」「十分な＋名詞」の形で、事物がその条件や目的を満たすのに余裕のあるほどの状態であることを表す。（「不十分……だ／する」の言い方は少ない。）数量にも程度にも使える。

「一日これだけあれば十分だ」「説明が不十分だと誤解される恐れが生ずる」「今からでも十分まにあう」「十分ゆとりのある生活」「互いに十分意見を交わした上で決めよう」「早急に答えを出さず、十分に検討したほうがよい」「肥料を十分に与えます」「十分な休養」「十分（に）……だ」の形、「彼女はそれでも十分に美しかった」とか「十分に堅い刃」のような言い方は、こなれた日本語ではない。

「十分」は必ずしも〝条件や必要量を満たすことに対して〟とは限らない。儀礼的に、あるいは遠慮から「もう十分いただきました」と言うときの「十分」は〝相当の量食べた〟のであって、当人の必要量には満ちていない場合だってあり得る。「食事はこれで十分だ／これで足りる」

「十分だ」は〝必要量や許容量を超えているから、もうそれ以上いらない〟の意。「足りる」は〝必要の最低限の量に達しているから、それ以上補わなくともすむ〟の意。「十分だ」は、すでにある対象を基準値の物差しで測ってみて、その量や程度が基準を上回っている状態だと認めること。「足りる／足りない」は、基準値の物差しに対象を当てがってみて、その値に達しているか否かを見る判断である。「これでじゅうぶん足ります」のように、副詞「じゅうぶん」は程度性しか表さない。

だんだん　副詞

物事の状態が少しずつ順を追って変わっていくさま。「だんだんに／だんだんと」の形も使われる。

分析　「秋も深まりだんだん寒くなってきた」「アメリカ人のしゃべっている言葉がだんだんわかるようになった」「初めはつまらなかったが、読んでいくうちにだんだん面白くなってきた」「頂上に近づくにつれてだんだん見晴らしがよくなってきた」「養生していればだんだんによくなります」「知人がだんだんこの世を去っていく」「おうちがだんだん遠くなる、遠くなる。今来たこの道帰りゃんせ、帰りゃんせ」(童謡)

「だんだん」は状態変化がゆっくりと進むさまで、「急に」と対応する。「高度がだんだん下がってきた」など程度の変化も、「低くなる」という意で状態変化の一つである。

ふつうは「だんだん……暑くなる／痛くなる／赤くなる／美しくなる／元気になる／賑やかになる」など、〝形容詞や形容動詞＋なる〟形式を続けるが、「だんだん……わかってくる／弱ってくる／上がっていく／成長していく／回復してくる／整っていく」のように「～てくる／～ていく」を伴って状態の進行を表す言い方もする。その他「だんだんと整備される予定です」「だんだんと復興する」「家がだんだん傾く」のような言い方も多少見られるが、いずれも状態や様子の変化をもった場合に限られる。単なる動きには用いられない。「雲がだんだん動いていく」「汽車がだんだん動き出した」などとは言わない。⇩おもむろに（五八頁）、にわか（一九四頁）

急に

だんだん

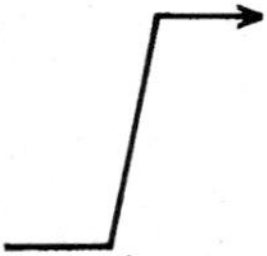

急に

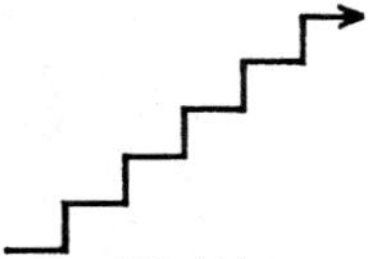

だんだん

しだいに

関連語 「次第に」も「だんだん」と同じ意に使われる。文章語ゆえ、やや固い表現、丁寧な言い方に使われる。「心配するなよ。だんだん慣れるさ」のようなくだけた言い方には「次第に」はぴったりしない。「あたりが次第に暗くなってきた」「当人も気づかぬほどにごく僅かずつではあるが、学習の進展につれて学力も次第次第に加わっていった」

どんどん

関連語 状態の変化や、動作・動きなどが盛んに勢いよく進むさまに用いる。「だんだん」と共通する文脈は、状態変化に根ざす表現に限られる。「雪がどんどん積もっていく」「一生懸命勉強しているので、どんどんじょうずになる」「三月になって桜の蕾《つぼみ》がどんどんふくらむ」「上流が大雨なので、水位がどんどん上がっている」「物価がどんどん上がるので、生活はますます苦しくなるでしょう」

同じ変化でも「だんだん」がスローであるのに対し、「どんどん」にはスピード感がある。単なる動作や動きには「だんだん」はもちろん使えない。「どんどん火を燃やす」「休まずどんどん登っていく」「仕事をどんどん片付ける」「成績の悪い生徒はどんどん落とす」「さ、遠慮しないでどんどん召し上がってください」「コックをひねれば熱いお湯がいくらでもどんどん出ます」

ちかく〔近く〕名詞

その事物の占める位置・時間・価値などが基準とするところからあまり隔たっていないときに用いる。

分析　基準に対する隔たりには次の三種がある。

1 距離の隔たり（名詞的に用いて）

「よく使う辞書類は机の近くに置いたほうが便利だ」「もっと近くへ来なさい」「遠くに見える村の屋根、近くに見える町の軒」（小学唱歌）、「遠くのデパートよりも、近くの店をご利用ください」

など、一見話し手・聞き手の現在地を基準にしているように見えるが、「遠く／近く」は本来、文脈中の話題の場所に基準点を置いている。

「犯行現場は土手の近くだ」「駅の近くの銀行」「その火山の近くにはたくさんの湖がある」「あの明るく見える金星の近くに見える星」「今日は線路の近くまで散歩に行った」「ずっと遠くまで広がっているデルタ地帯」

「遠く／近く」は、話題とする地点から位置が隔たっているか否かを表している。形容詞「遠い／近い」とは違って、距離の程度の比較には使えない。「火星は木星

より近くの星である」などとは言えない。「近く」が「遠く」と対応するのは①だけである。⇩とおい（一八〇頁）

「すぐ」「じき」も距離の近さに用いるが、これは距離を近いと感じ取る当事者の心理的短さを表す語で、客観的近さではない。「中国など飛行機で行けばすぐ（／じき）の距離だ」を「飛行機で行けば近くだ」とは言えない。⇩すぐ（一一五頁）、じき（一〇九頁）

②時間の隔たり（副詞的に用いて）

「彼は近く海外に転任するそうだ」「数か月前に中央気象台が、大きな地震が近くあると言ったのか、ありうると言ったのか、新聞発表がありましたね」

発話の時点を基準として、事の生起の時期が時間的にさほど隔たりがない未来であることを指している。「すぐ」「じき」は文脈中の時点を基準として「彼はうちに帰るとすぐ床に就いてしまった」「注文するとじき届けてくれる」のように使うことができるが、「近く」にはこの用法がない。現在を基準としている点では「もうすぐ」「まもなく」「ほどなく」と共通するが、「もうすぐ」が「もうすぐ来るだろう」「もうすぐお正月だ」と動詞と「名詞＋だ」に係り得るのに対し、「近く」は動詞に係る用法しかない。しかも、「近く大きな地震があるはずだ／あると思う」「私は近くイギリスへ行く予定です」「彼は近く帰国するそうです」のように、推量、予定、伝聞など、未決定・不確実の要素を含む場合に多く用いられる。不確実の要素を含むだけ「もうすぐ」よりも時間的隔たりは大きい。「採用通知を受けたから、近く出社命令が下るだろう」など、「そのうち」と置き換えられるが、「そのうち」は全く不確かな、実現性の確率が不明な場合に使い、「近く」は不確ではあるがほぼまちがいない場合に用いる。「腹が空けばそのうち食べるかもしれない」のような不定の例は「近く」では言い換えられない。「ナマズが騒いだから、そのうち地震がある」は、〝時期はいつかわからないが、地震が起こるかもしれない〟と地震の生起の可能性を問題とし、「ナマズが騒いだから、近く地震がある」は、〝地震の生起の時期が「近く」だ〟と、かなり自信をもって予告している。

③数量的隔たり（接尾語的に用いて）

時間・期間の長さ、数、量、値、時刻、距離などを表す語に付いて、その数値からあまり隔たっていない意を添える。数詞に付いて、その数量・数値とあまり違わない程度に達しているのである。「気温が三十度近くある」は三十度よりやや低い、基準とする三十度の線との温度差が僅少なのである。「三十度近く上がった／三十度に上がった／三十度を越えた」

「車で五時間近くかかる距離」「もう十年近く勤めている会社」「彼が行方不明になってから、すでに一か月近くなる」「三百人近くの申し込みがあった」「一升近くも飲んでも酔わない」「入学金として五十万近くも払うんですよ」「この服は五万円近くした」「十時近くなってやっと目を覚ました」「駅まで一キロ近くある」「丸ビル十杯分近くの砂を使って造ったダム」

関連語　**そば**

距離の迫り隔たりが少ない点では「そば」も「近く」も共通するが、「そば」は基準となるほうを主とした言い方で、「登記所のそばの代書屋」というとき、登記所を中心とした見方に立っている。「AのそばのB」「AのそばにBがある」というとき、BはAに対して従の関係に立っている。したがって、Aの位置は固定していてBが不特定の位置である場合や、Bが動きを持つ場合など、極端にA・B間が不均衡な場合、「AのそばのB」は言えても「BのそばのA」は言えない。「フォボスとダイモスの二つの衛星が火星のそばを回っている」「地球のそばを彗星がかすめて通った」「耳のそばに小さなほくろがある」これらのA・Bを逆にして、たとえば「フォボスとダイモスのそばに火星がある」とか「小さなほくろのそばに耳がある」などと言うと不自然になる。「そば」は本来、主となる特定のものの近くの位置であって、ただ距離の近さだけを言うのではない。「頂上近くまで登るとだいぶ空気が稀薄になる」は「そば」では言いにくい。漠然《ばくぜん》たる範囲を基準とする場合、「沖近く点々と群がる漁火《いさりび》」「底の近くに身を寄せている鯉《こい》」「成層圏の近くまで昇った」共に「そば」ではおかしいだろう。「そば」は、中心となる特定のものに位置が接近していること。それも前後左右の場合が多い。「教卓のそばにすわる」「テレビをあんまりそばで見るのは目に悪い」「飛行機って、そばで見るとずいぶん大きいもんだね」「信州信濃《しなの》の真そばよりも、わたしゃお前のそばがよい」

などは「近く」でもかまわないが、「遠い親類より近くの他人」「東京の近くの行楽地」のように「近所」「近辺」を表す場合には「そば」よりも距離感がある。

なお、「そば」には、動詞に付いて「覚えるそばから忘れる」「(雪が) 降るそばからどんどん融ける」のような〝……するとすぐに〟の意を表す用法もある。

関連語　**かたわら**

「母のかたわらで無心に遊ぶ子」「本堂のかたわらに小さな地蔵堂が建っている」主となるものAのすぐ横 (左右) にBが位置する場合である。「田んぼのかたわらを流れる小川のせせらぎ」「道のかたわらに咲くタンポポの花」のように、BがAに接する、もしくはAの端に位置する場合すらある。Aが主でBが従の関係であるが、BがAの一部として位置する場合もある。このA・Bの主従・至近関係が動作に置き換わると、「大学へ通うかたわらアルバイトをしている」のような〝……する一方では／……かたがた〟の意を表す用法となる。二つの行為の同時進行である。動詞に付く。

関連語 **わき**

「露払い、太刀持ちをわきに従えた横綱の堂々たる土俵入り」「道のわきに寄って車をやり過ごす」「テレビを柱のわきに据える」「門のわきに小さなくぐり戸を付ける」「わき」(脇)は、「わき」(腋)に通じ、「両わき」などと言えるように、主となるもの(立体的なもの)の両横(左右)の側《がわ》をさす。「先生のわきにすわる」のように横の一地点をさす場合と、「車を道路のわきへ寄せる」のように片側をさす場合とがある。これらは「箱のわきに装飾を施す」「洋服ダンスのわきに帽子掛けを付ける」「書棚のわきに時間表を貼りつける」のように、立体的な物の側面をさす言い方が、平面的な場合に転用されたものである。「家のわきを絶えず車が通る」

「わき」が主たるものの両側をさすところから、(1)左右いずれかの側、(2)主たるもののすぐ横で、中間に他のものの存在を許さない。先生の席の横にだれかが坐っていたら、その隣の、先生の席から一つ置いた場所は「先生のわき」ではない。

「わき」が、〝主たるものの横〟の位置をさすところから、中心からそれる位置をさすようになる。「不良品をわきへはねる」。「邪魔な物をわきへ寄せる」も〝正当な位置からはずす〟意から、〝片隅に寄せる〟意となるのである。「わきばかり見てないで、黒板を見

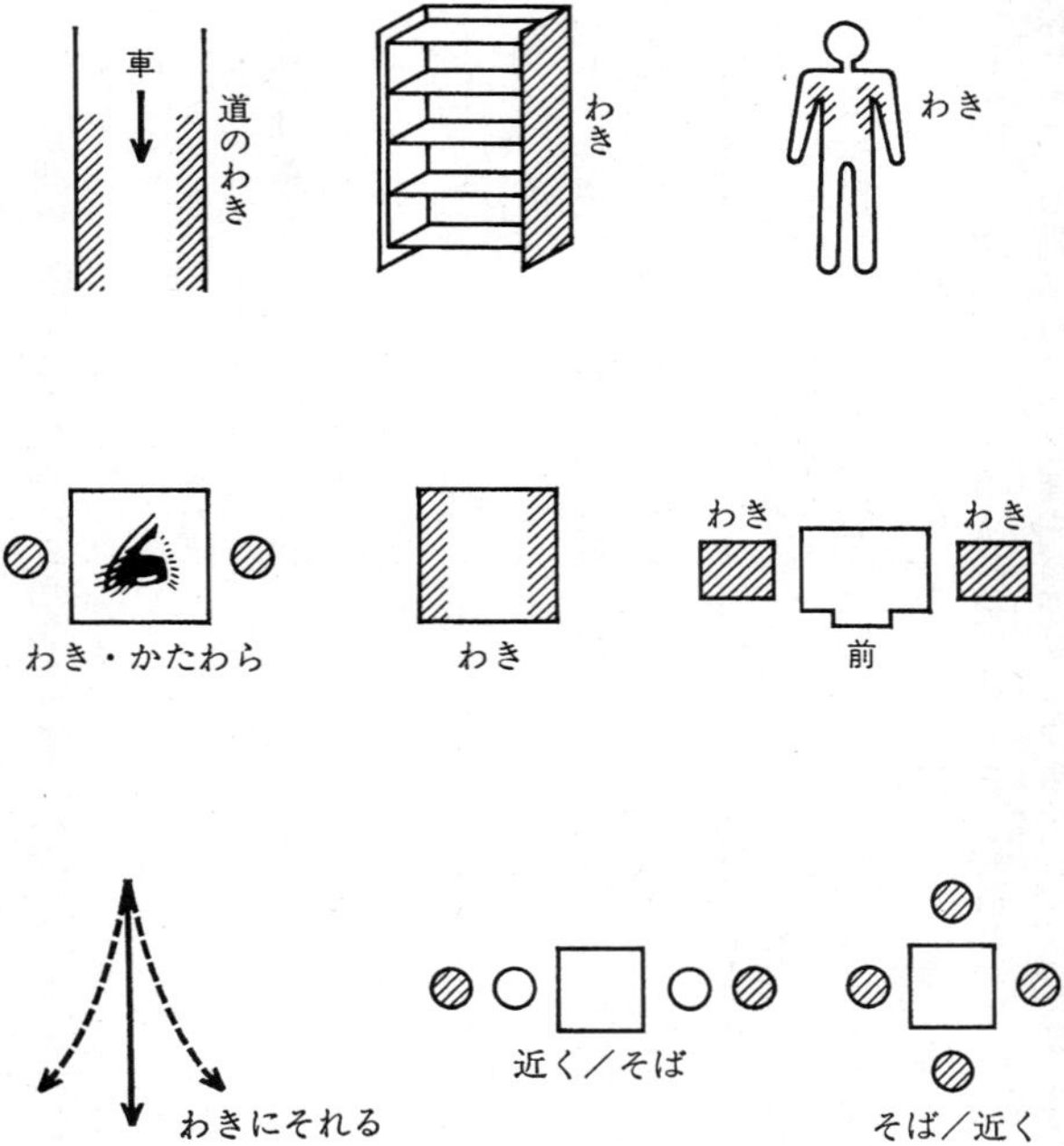
車
道のわき
わき
わき
わき・かたわら
わき
わき
わき
前
わきにそれる
近く／そば
そば／近く

ろ」「わき見運転」さらに「話をわきにそらす」など、いずれもこの〝本来の正しい位置・方向（基準）からはずれた〟の意識の発展したもので、〝よその方向〟〝あらぬ方〟を意味する。

ちょうど〔丁度〕副詞

話し手の意識内のある基準値に対して、対象がほぼ相当し、ずれのない状態。「ぴったり」に近いが、「ぴったり」は現実のある状況に対して全然ずれがなく、完全に一致するさま。⇩ぴったり（二〇二頁）

分析 「ちょうど」は、数量・大きさ・時間・時機・様相などの面において、意識の中にある基準値と、具体的な対象・状況とがうまく一致すること。そこから〝多くも少なくもない／大きくも小さくもない／早くも遅くもない／良すぎも悪すぎもしない〟等の状況が生まれる。

「ちょうど定員いっぱいの応募があった」「ちょうど一万円ある」「ちょうどトラック一台に納まった」「今ちょうど六時だ」「ちょうど時間になりました」「ちょうどよい時間に出前のすしが届いた」「ちょうど頃合いを見計らって電話を入れる」「お前にはちょうど似合いの嫁だ」「この靴はちょうどぼくの好みに合う」「ちょうど欲しいと思っていた品が店に

あってよかった」「あの山はちょうど日本の富士山のような形の山だ」

基準とする値は、話し手の意識の中にある事柄なので、必ずしも一般標準と一致するとはかぎらない。著しく片寄った基準値も、場合によっては成り立つ。

「今、ちょうど五時二十五分だ」は、彼の学校が五時二十五分に授業が終わるとか、弟が五時二十五分発の汽車で駅をたつはずだとか、何か話し手にとって特別の訳がある時刻だから「ちょうど」が使える。このように、

1話し手にとってある特別な意味を持つものを基準値とする場合には、この「ちょうど」は〝たまたま〟の意で偶然の要素を持つ。様相の「ちょうど」なら〝まるで〟の比況となる。「まるで」も偶然の一致である。

「待っていたら、ちょうどいいあんばいにタクシーが来た」「その国の夏はちょうど日本の春といったところだ」「ちょうど馬の首のような形をしているので〝馬の首〟と呼ばれる暗黒星雲です」「白鳥座のちょうど羽の先に当たるところの星」「ちょうど財布の中にはお金があったので、その品を手に入れることができた」

時機を表す「ちょうど」は「あいにく」と対応する。

2話し手側の現実の状態・状況を基準にする場合

「(店員が)ちょうど七百円お預かり致します」「ちょうど体に合う服」「ちょうど家族の人数分だけある」「ちょうど電車賃分だけ金が財布にある」「ちょうどぴっ

たりの長さのおあつらえ向きの棒」「ちょうどいい大きさだ」「ちょうどいい温度の風呂」

実際の必要量、希望量、理想とする度合いを基準にすえる。その基準値に対象がぴったり合っている状態に言える。当然、話し手側の事情が変われば基準値もずれてくる。

「君にはちょうどいいが、僕には大きすぎる」

2は現実を基準値とするため「ぴったり」への置き換えが可能。

3数量・時間など、数概念を持つ場合、端数がなく、切れ目がよいこと。

特に必要量など外の要素を基準とするわけではない。数の単位を基準にすえ、ある一まとまりの数値に対象が一致すれば「ちょうど」。きれいな数字になること。

「ちょうど十人いる」「ちょうど一時間で学校に着きます」「今ちょうど十二時だ」

「いくらですか／ちょうど百円です」「半端は困る。千円ちょうどにまけてくれ」

「ちょうど十メートルの高さ」

1の場合と異なり、端数が出ては「ちょうど」にならない。「家から学校までちょうど五十九分かかった」などは不自然。単位が一けた下がれば可能である。

「(ストップウォッチを見て)五十九秒ちょうどだ」

単位を基準とする3は、その場面から基準とする単位を読み取らなければならない。

つい　副詞

時間的、距離的に二点間の隔たりがきわめて小さく、話し手がほとんど意識しない程度であること。そこから、心理的にほとんど注意できないほど微差の状態で、意識せずに事を行ってしまうさまにも用いる。

分析1 「つい目と鼻の先」「ついそこまで買い物に出かけました」「つい今し方帰ってきたところです」「つい先ほどお伺いしたばかりです」など。

いくらも隔たりを置かない状態であるが、客観的に〝近い〟と判断しているのではない。話し手が、現在時点・地点からみて〝ちょっと前〟〝すぐそこ〟と自己中心的にとらえる、はなはだ主観的な表現である。「すぐ」も似た面を持つが、これは「お宅のすぐ近くのマーケットで売っていますよ」「アパートは駅からすぐの所だ」「事件のすぐあと犯人は自首してきた」「お車はすぐ参ります」など、かなり客観的な状態の表現で、第三者に対しても使える。「つい」は「ついさっき」で、時間的には今の直前、「ついそこ」で話者の現在地点からの至近距離を表す。「すぐ」は、「すぐあと」「そのすぐ近く」で、その時の直後、その話題の場の近くを指す。⇩すぐ（一一五頁）

分析2 「つい」は、ほとんど意識しない程度という状態の、自己中心的な把握である。そこから、場面や状況が違っているにもかかわらず、その違いが意識の底から消えてしまって、それがないかのように本能的、習慣的に事を行ってしまう場合にも用いられる。「彼の家へ行くと、時間を忘れてつい長居をしてしまう」「うまい物を見るとつい手が出る」「電車で座れると、つい眠り込んでしまう癖がある」「ついうとうとと眠り込んでしまった」「自分ではいけないと知りつつも、つい怒鳴ってしまうんだ」「結婚して姓が変わったのに、つい旧姓で言ってしまいます」「引っ越したのに、つい昔の習慣で上り線ホームへ行ってしまう」「嘘と知りながらも、人がいいからついだまされちゃう」

状況の判断が意識から消えて、日常の、または以前からの習慣・習性、あるいは条件反射的な本能などによってある行為・態度をとってしまうこと。本人に過失や責任がないという意識がある。

関連語 **うっかり**

「うっかり」は「つい」と言い換えのきく場合が多い。気抜けしたり、あることに気をとられてぼんやりしたりという、不注意から事を行ってしまうさまに用いる。

「ペンキ塗りたてなのを忘れて、うっかりさわってしまった」「十時に電話する約束なのをうっかり忘れた」「二人だけの秘密をうっかりしゃべってしまった」「うっかり口を滑らす」「うっかりして時間に遅れる」「うっかり者」など。

「つい」が習慣や習性から自然にそうなってしまうのに対し、「うっかり」は不注意からそうしてしまうことである。だから「つい」は同じ状況に置かれれば何度も同じことをしてしまうのに対し、「うっかり」はその時一回限りの失敗で終わる。「定期券の代わりに、うっかり身分証明書を見せてしまった」は「つい」ではおかしい。反対に、「今まで定期で通学していたものだから、改札口を通るとき、ついポケットに手をやってしまう」は、「うっかり」では合わない。「うっかり」が「うっかりする」とサ変動詞化できるのも、〝注意を怠る〟という動詞的概念を備えているからである。

関連語　思わず

条件反射的にそうしてしまうという点で「つい」ときわめて近い。しかし、「思わず」は、現実のある具体的な場面に接して瞬間的にある行動を取ってしまうという、反射的で一回限りの個別的な行為に用いる。「つい」のように習慣や本性に由来しない。「子供が車にひかれそうになって、思わずあっと叫んだ」「ボールが飛んできたので、思わず首を引っ込めた」など。

「思わず長居をした」などは「つい」でも言い換えがきく。しかし「(映画で)クライマックスの場面になって、思わず身を乗り出した」「思わず生唾《なまつば》を呑《の》み込んだ」「思わず相手を抱きしめた」「思わず〝助けて〟と叫んだ」のような感情の高まり、感動、生理的興奮、恐怖感などから発せられる行為に「つい」を使うと不自然になる。

関連語　しらずしらず

「知らず知らず」は、ある行為をしているとき、無意識のうちに、別の行為や状態をとってしまうこと。「つい」も行為・動作を無意識裏に行うさまだが、その行為だけをいきなり行う場合に言う。それに対し「知らず知らず」は、必ずある行為中に別の事態を引き起こす二重状態である。したがって、瞬間動作ではなく、時を経過するうちにおのずとその状態を呼び起こす場合を表すことが多い。「映画を見ているうちに知らず知らず涙ぐんでしまった」「知らず知らずのうちに我が家に足が向いてしまう」など。

いくら当人が気がつかないうちでも、他者の動作に「知らず知らず」は使えない。「知らず知らずのうちに汽車は動き出した」とか「知らず知らずのうちに彼はいなくなった」などは誤用である。この場合は「いつの間にか」「知らぬ間に」等とする。

ついに〔遂に〕副詞

成立しそうでなかなか成立しなかった行為や作用が、一定の時間的範囲の中で成立または不成立に終わったこと。客観的状況の叙述として多く用いられる。

分析1「ついに」によってとらえられる行為・作用は、その成立が瞬間的なものとして把握されている。

「二十年がかりの難事業もついに完成した」「なかなかしゃべりそうもなかったのだが、ついに口を割った」「あんな丈夫な堤防もついに決壊した」「その存在が予知されていた惑星がついに発見された」「ついに降参してしまった」「備蓄の食糧もついに底をついた」のように、予定・予想・予知・予言されていた事柄の成立が、かなりの時間的経過の後、やっと実現に至るさま（A形式）である。ただし、いくら予想・予知されている事態でも、一定の時間的経過の後には、必ず成立する事柄では「ついに」の発想と合わない。「ついに」は〝困難な状況に耐え抜いて次第に目的（到達点）へと近づいていき、どうやらある事態にたどり着いた、または、ある事態が実現した〟という意識である。プラス評価・マイナス評価、いずれの例も見られる。したがって、ある時期がくれ

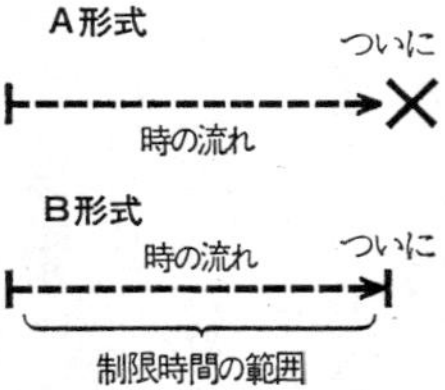

ば必ず成立する事態、

「ついに冬になった」「朝になって、ついに目が覚めた」「ついに日が暮れた」「ついに高校を卒業した」

のような文は、特別の前提がないかぎり成り立たない。こういう場合はふつう「やっと」を使う。⇩やっと（二六一頁）

分析2 「ついに」は結果が予想・予知されていない事態、結果が未定の事態にも使われる。この場合は、ある一定の時間的範囲内で、その制限時間に達した時に、なおかつ当初と同じ事態が続き、新しい別の事態へと転換しなかったという発想である。当然、継続する事態が、その制限時間いっぱいの時点で、いかなる状態であったかを認知する意識となる（B形式）。

「ついに最後まで頑張りつづけた」「犯人はついに分からずじまいであった」「ついに時間切れ引き分け」など。

継続状態の叙述ではなく、制限時間終了点での状態把握に用いられている。A形式のように、困難な過程を耐え抜き、最後にある事態を実現するといった意識は、B形式にはない。プラス評価・マイナス評価、どちらの例も見られる。

B形式の「ついに」は、たとえ肯定形式をとっていても、否定的概念が内に潜む。「ついに耐え抜いた」は〝くじけなかった／参らなかった〟の否定意識と表裏をなしている。

同様に「ついに時間切れ引き分け」も〝勝負がつかなかった〟という否定意識の裏返しで、制限時間いっぱいをかけても、ある事態が成立しなかったという不成立の完了を表している。

「今日もついに救援隊はやってこなかった」「彼はついに約束を果たさなかった」「厳しい追及にもかかわらず、ついに口を割らなかった」「いったんこうと言ったらなかなか曲げない。今日も一日ついに口をきかなかった」「四年間も留年したけれど、ついに卒業はできなかった」など。

関連語　**とうとう**

「とうとう」も「ついに」と近い意味を持ち、ほとんどすべての例が「とうとう」と言い換えられる。用法上の違いはないが、意味的には多少の違いが認められる。

「面白い連載小説も、とうとう終わっちゃった」「行こうか行くまいかとさんざん迷ったあげく、とうとう欠席してしまった」「時局もとうとうここまできたか。よほどの覚悟が必要だぞ」など。

「まもなく→いよいよ→とうとう」と段階を追って事態の実現成立が時間的に迫り近づく表現となる。「とうとう」は、いろいろの過程を経て最後にその事態に至るという過程意識を踏まえる。〝いろいろのことがあったが、終局として〟という気持ちである。紆《う》余《よ》曲折して変遷する過程を経て、ついに、きたるべきものがきたという意識から、それに伴う決意、覚悟、あきらめ、歓喜などの感情が強くにじみ出る。
「一日待ったのに、とうとうこなかった」「万歳、万歳、とうとう出来たぞ」

とおい〔遠い〕形容詞

「遠い／近い」は、そのものの位置するところが、ある基準点から見て隔たっているか、さほど隔たっていないかを問題とする語である。問題とされる隔たりには次の三種がある。
1地理的隔たり
「遠い空」「遠くからでも見える」「海に近い」「駅から遠い」「耳が遠い」「目が近い」「気が遠くなる」
2時間的隔たり
「遠い将来」「遠い昔」「近いうちに……」「完成には遠い」「七十歳に近い」
3関係・相似性の隔たり
「遠い親戚」「近い間柄」「天才に近い人」

分析1 1の場合、基準点は、話し手自身の位置や話題としているその地点とするのが普通であるが、比較的自由にすえられる。文型「……ニ近い」「……カラ近い」「……カラ遠い」のように助詞「に」や「から」によって示すことができる。「下宿は学校には近いが、駅からは遠い」のように、同一の対象が基準点の取り方で近くも遠くもなる。もちろん、「学校は遠くてね」のように場面や文脈でそれと分かる場合には、省略されることも多い。「耳が遠い」「目が近い」「気が遠くなる」なども1の一種。

2はふつう現在を基準点として、その時間的隔たりを考える。過去にも未来にも使える。現在を基準点とする以上「に」や「から」を用いることもないが、「六十に近い年齢」のように基準点を別に設ける例も見られる。

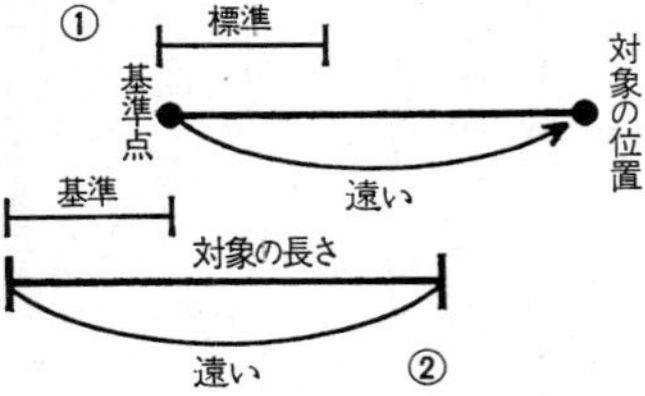

　地理的隔たりと時間的隔たりとを区別することはむずかしい。「(東京を基点として)四国は九州より遠い」のように、距離的には近くても時間的には遠い(と感じる)場合もある。「遠い/近い」の判断は多分に心理的である。距離・時間のいずれを「遠い」と感じているのかは微妙で、数量的に割り切ることはできない。「車で行けば近いが、歩くと遠いね」「新幹線ができたので大阪は近くなった」「ロケットが飛ばせるようになった現在、月は決して遠くない」など、判断の尺度や基準のとり方は、一定不変ではない。

3は二つの対象が互いにどの程度の親近関係、類似関係にあるかを問題とする言い方で、「AハBト近い」（彼は田中氏と近い関係にある）、「AハBニ近い」（彼はまさに天才に近い人と言えよう）、「遠いA」（遠い親戚）のような種々の文型を形づくる。

分析2 「遠い／近い」はふつう、①隔たった地点や時点にあるものを取り立てて「遠い南の国」「遠い所」「学校は遠い」「近いうちに……」と言う。ところが、②隔たりの長さを取り立てて「遠い旅路」「遠い道」「近い距離」「遠い行程」「遠い宇宙」「日暮れて道遠し」などと言うことがある。時間的にも「人生は長くて遠い」などと言える。時間間隔にも「用が近い」「通じが遠い」（手洗いに立つ間隔の遠近）のように用いる。距離や時間の長さを持つものが対象となった例である。

関連語　遠く　近く

「に」や「の」を付けて「近くの店」「遠くの景色」「遠くに見える村の屋根、近くに見える町の軒」などと言う。そのほか「もっとずっと遠くだ」などとも言う。「遠く／近く」は「遠い所／近い所」の意で、用法上「遠い／近い」と重なる。「遠くの空／遠い空」「遠くの星／遠い星」など。ただし、「遠い／近い」は「駅から遠い人」「学校に近い人」のように、①基準点を任意に取ることができるが、「遠く／近く」は「遠くのほうを見た」「近くの人々が駆け寄った」のように、文脈中の現在地を基準にする。そのため、②「遠い／

近い」は「（東京を基点として）九州は大阪より遠い」と比較表現ができるが、「遠く／近く」はできない。「韓国は中国より近くの国だ」とは言えない。「近くの店」は現在地を基準としてそこからすぐの所にある店。「近い店」は「あの店よりも近い店」「もっと近い店」のように、他の店を基準にしてそれより近い距離にある店の意。

関連語　**遥か**

「遠い」「遠く」は標準を上回る隔たりに対して言うが、「遥か」は「はるかに」からも分かるように、はなはだしく隔たっているといった「遠く」の中の極端な場合に限って用いる。しかも、「遥か彼方」「遥かなる山河」のように、基準点側からきわめて遠距離の対象を現実に望み見る気持ち。「遠い／遠く」には、このような具体的な遠望の気分がない。「夏がくれば思い出す、はるかな尾瀬　遠い空」（江間章子「夏の思い出」）

とりわけ　副詞

「取り分け」と書き、本来の意味は〝ある物を区別し、取り分けること〟。全体の中である部分が特に際立っており、他とは区別されるべき状態であること。「とりわけて」の形も用いる。⇩ひときわ（二〇五頁）

分析 「どの学科もみな好きだが、とりわけ英語が得意だ」「この町はとりわけ風景が美しく、世界でも有数の観光都市となっている」「この地方は多雨地帯として有名だが、とりわけ六月は雨量が多い」「今日はとりわけ暑いね」「みな、お買い得の品物ばかりでございますが、今日はとりわけ罐詰め類がお安くなっております」

「とりわけ」で示される状態は〝全体がいずれも平均以上のものであって、その中でも特に〟と、ある種のものを取り分ける意識である。際立った状態ならプラス評価、マイナス評価、どちらの場合でも使える。

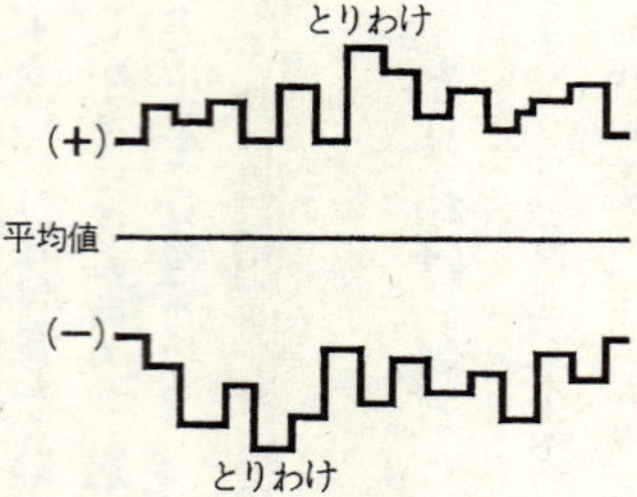

「みな良い成績だが、とりわけ国語が良い」（＋）、「低い成績の中でも、とりわけ数学が悪い」（－）。

関連語 **殊に　殊のほか**

「殊に」は「異に」からきた語で、〝他とは異なる状態にある〟の意味である。数多くある事物の中から、それらとは違ったものを取り立てる意識から、さらに発展して「一段と」の意味になる。

「子供は甘いものが殊に好きだ」「殊に、この辺りは地価が安いので、最近都会から大勢の人々が土地を求めてやってくる」「夜は殊に静かだ」など。

「殊に」は、際立った対象を話題として取り上げるだけで「とりわけ」のような、大部分が平均を超えている中で、さらにそのものを抜き出す意識はない。

「旅館の数は別段少ないわけではございませんが、殊に夏場は避暑客が大勢やってくるものですから、どこの旅館も満員なんです」など。

「殊のほか」は「殊に」よりさらに際立っている場合で、程度がきわめて高いさまをいう。そこから強調意識が生じ、さらに「思いのほか」「意外に」の気持ちが加わってくる。

「ことのほかのお喜びよう」「ことのほかお気に入りのご様子」「夜はことのほか静かだ」「ことのほか上手にできた」「ことのほかいい成績だった」「皆が頑張ったので、ことのほか早く仕事がすんだ」

関連語　**特に**

取り立てて言うくらい、他とは程度が著しく違っている状態を表す。「殊に」と用法は似ているが、「特に」は「特別（に）」と同じく意志的に他とは区別し、格差をつける場合に用いられる。

「特に許す」「特に選ばれて代表団に加わった」「特に注目すべき作品」「本日に限り特に

閲覧を許す」「数学を特に力を入れて勉強する」「この点を特に強調しておこう」など。

意志的判断を表しうるというのは、「特に」が話し手の主観的判断を表す語だからである。

「この作品が特に気に入った」「夕暮れの空が特に美しい」「特にこの辺りは標高が高いので、夏になってもさほど気温は上がりません」など。

「殊に／殊のほか」が対象自体の著しさに対する、かなり客観的な判断であるのに対し、「特に」は話し手の主観的な意見、判断で、話し手の責任において強調する表現である。そのため、「殊に」には見られない、否定の表現にも用いられる。

「特にどこが悪いというわけではない」「特にすばらしいというほどでもない」「特に行かなきゃならんというわけでもない」「特にだめだとも言えない」「これは特にむずかしい問題ではない」など。

しかし、「特に」は否定表現そのものに係らない。「特に……だ」と肯定に係り、その全体が文末で否定される「『特に……だ』＋ではない」という構文になる。だから「特に困りはしない」も、「『特に困る』＋ない」で、〝特別困るという状態に追い込まれるわけではない〟という部分否定になる。

なんら〔何等〕副詞

「なにら」の音便で、下に打消を伴って〝何も……ない〟〝何一つ……ない〟の意味を持つ。ある人物・事物に対して、〝ただ一つの……する点もない〟〝少しも……する点がない〟という否定の強調へと転化して、〝全然……ない〟と類似してくる。

分析 主体が、ある特定の対象・相手から、または対象・相手に対して、行為や作用を受けたり及ぼしたりすることが全くない状態を指す。

「なんらの報告も受けていない」「なんらの処置も取らない」「なんらの興味も覚えない」「なんらの趣もない」「なんらの影響も受けない」など、「なんらの……ない」と「の」を伴った形の場合は〝何一つ〟〝一つとして〟の意味で、「何の」「何も」と言い換えられる。

「何らの連絡もない／何の連絡もない／何も連絡がない」などの表現も〝これといって連絡がない〟〝一度も連絡がない〟という意味である。

また、「なんらの困難もない」は「なんら困難がない」と「の」を省いた形もある。この場合、意味は〝これといって一つも困難な点がない〟の意から、〝少しも困難がない〟へとつながる。つまり、「なんら……ない」の形で「ない」と直接に呼応して否定の強調意識が強まる。

「こんなことをしても、なんら得るところがない」「私とはなんら関係がない」「なんらかかわりのない人物」「彼はなんら恥じるところがない」「なんら必要のない品」「なんら変わり映えがしない」などは「全然」「少しも」に近く、否定の強調と取るほうが自然である。

関連語　**全然**

「全然」も否定を客観的に強める語である。動作・作用・状態がほんの僅かも成立しないゼロの状態をいう。「なんら」と違って、主体―対象間の行為・作用にだけ用いるとはかぎらない。

「雨は全然降らない」「電車は全然こない」「気温は全然上がらない」のように、対象を前提としないそれ自体の状態・動きにも使える。このような場合には、「なんら」を用いることができない。「気温はなんら上がらない」では不自然である。「なんら」との言い換えが可能なのは、主体と状況が、かかわりを持っている場合や、話し手《て》が関係を持つと意識している事態「私は全然暑いと思わない」「全然返事がない」「全然手応《ごた》えがない」のような場合である。⇩さっぱり（一〇二頁）

関連語 **少しも**

「少しも」も否定の語と呼応するが、否定の強調意識ではない。〝ほんの僅かだって〟の意味で、数量・程度観念を伴う事態に限って用いられる。

「水かさは少しも減らない」「少しも儲からない」「少しも驚かない」「少しも寒くない」など。

このような観念を持たない、単なる否定の強調に用いると、不自然な表現になる。「全然気に入らない」「全然売ってない」「全然扱わない」「全然見当違いだ」「全然だめだ」「全然あてがはずれた」などは「少しも」では不自然である。

－にくい　接尾語（形容詞型活用）

動詞に付いて、その作用・動作・行為がスムーズに行われることがむずかしい状態である意味を添える。

分析 「にくい」の上に付く動詞は「傾斜の取り方が悪いので、汚水が流れにくい」「値のはる品なので捌《さば》きにくい」「はずれにくいネジ」「水に溶けにくい洗剤」「燃えにくい湿った木」「割れにくい板」「見えにくい方向」のような事象そのものの性質を表す無意志性の動詞のほか、「歩きにくい靴」「飲みにくい薬」「覚えにくい言葉」など、意志動詞もある。無意志動詞や自然現象の動詞が上にくるということは、「〜にくい」が客観的な困難を表していると言える。

「水分を吸収しにくい土質」「電気の流れにくい物質」など。

客観的ということは、対象側に困難を生み出す原因・理由がある場合が多いということである。受け手の側に理由があるのでなく、対象側の原因で〝……しにくくなる〟という状況は、多くはマイナス評価の状況である。

「靴が足に合わなくて歩きにくい」「砂利道は歩きにくい」「とても飲みにくい苦い薬」「早口言葉はうまく言いにくい」「癖のあるへたくそな字なので読みにくいよ」「つかまえにくい鰻《うなぎ》」など。

相手側に客観的な原因・理由のあるマイナス評価の状況である。

「にくい」は「悪《にく》い」で、好ましくない状態を意味している。試合で相手の防御が固くて攻めるのがむずかしいときの「攻めにくい」は、相手にとってはプラス評価の状態であるが、攻める側にとってはマイナス評価の状態である。逆に、そうなりにくい状態がかえって都合がよい場合は、プラス評価となる。「とれにくいネジ」は、はずすときにはマイナスだが、物を止めておくという点ではプラスである。

－やすい　－いい

関連語

「～にくい」の反対は「～やすい／～いい」である。ただし「～いい」は用法上かなり制約がある。客観的な状態「台風の来やすい地方」とは言っても「来いい地方」とはふつう言わない。「壊れやすいガラス瓶」「はずれやすい戸」「取れやすいネジ」など、「～やすい」は、そのような状況を性質として対象が持っている客観的な状態に用いる。「扱いいい連中」「飲みいい薬」「履きいい靴」など「～いい」は、行為・動作の主体が感じ取る〝……しやすい〟状態であり、きわめて主観的な評価である。意志的な行為に伴い、無意志的な動詞や自然現象を表す動詞には「～いい」は付かない。「壊れいいガラス瓶」などとは言わない。対象に容易さの原因がある場合は「書きやすい文字」のように「～やすい」を使い、主体側に原因がある場合は「書きいい万年筆」のように「～いい」を用いるのが自然である。「～やすい」は〝容易な状態〟のほかに〝ややもすれば、すぐそうなってしまう〟〝なりがち〟〝……しがち〟の状態も指す。

前者はプラス評価で、「描きやすい図形」「読みやすい活字」「覚えやすい名前」「弾きやすい曲」「作りやすい花」などと言う。

後者はマイナス評価となり、「折れやすい金具」「脱線しやすい区間」「脱落しやすい活字」「病気になりやすい体質」などと用いる。

「～いい」は主体側の〝……することが容易でよろしい〟〝むずかしさ、苦しさがなくて快感を覚える〟というプラス評価の語である。「とても住みいい家」「走りいいマラソンコース」「弾きいい楽器」「履きいい下駄」など。

なお、「～いい」は「～よい」のくだけた言い方である。⇩－ぽい（二二七頁）

関連語　－づらい　－がたい　－かねる

困難さを表現する言い方である。そのほか「～あぐねる」「～なやむ」などもある。これらは「～にくい」と違って、自然現象や無意志性の動詞には続かない。人間がある行為をしようとする時に、対象・主体・周囲のいずれかが持つ条件によって、困難さを覚える状態に用いる。

「～づらい」は「辛《つら》い」で、肉体的理由に原因することが多い。「足に豆ができて歩きづらい」「口にできものがあって食べづらい」など。精神的理由から行為の遂行にブレーキの掛かる場合にも用いられる。「対戦相手が先輩なので、どうも攻めづらくてしようがない」など。

主として肉体的、精神的理由から困難さを覚えるということは、本人の意識としては行おうとしながら思うにまかせないというもどかしさがあり、と同時に、意志にかかわりのない不可抗力的状況に基づく困難表現でもあり、マイナス評価となる。

「二重写しの印刷で実に読みづらい」「砂利が多くて歩きづらい」「ああ守りが固くては、

攻めづらくてしようがない」「雑音がはいって聞きづらい放送」など。

「～がたい」は「難い」で、〝困難さ〟を表す。ほとんど不可能に近い状況、たとえば「あまりにもすばらしい景色で筆舌に尽くしがたい」「そのような要求はとても受け入れがたい」「あまりにも高度な専門の話なので、私ごときには理解しがたい」「得がたい人材」のように、その気があってもできない事態に使用される。多くは極度のプラス評価の事柄なので、その事柄の受け入れがむずかしいのである。まれには「耐えがたい寒さ」のようなマイナス評価の場合にも用いられる。

「～かねる」は、「本人に病名を知らせることなど出来かねる」「猥褻《わいせつ》な内容の文章だったので、聴衆の前で読みかねている」「得体の知れない薬なので、飲みかねて、しばしためらう」「一服しかない貴重な薬、もっと重症な方もおられることであり、小生には飲みかねます」などのように、精神的、心理的に強い抵抗感があり、とてもできないという気持ちである。病名が癌《がん》であるとか、猥褻な内容であるとか、理由は対象の側にある。精神的、心理的抵抗を表すことから、「～かねる」は「言う／飲む／読む」など意志的な動詞のあとに続く。

同じ意志動詞「飲む」でこの三語を使い分けると、「飲みにくい薬」は対象に原因があるので「～にくい」であり、「口内炎で、水さえ飲みづらい」は主体の肉体的理由から「～づらい」となる。医者の許可がないので「薬を飲みかねている」は、飲むのに抵抗感があるからである。「見にくい位置」「見やすい場所に座を占める」「老眼なので文字が見づらい」「見るに見かねて手伝う」など、使い分けがはっきりしている。

にわか〔俄〕形容動詞

今までの状態とは著しく違った状態に様子が変わる場合、また、今までとは違った状態へと行動を移すとき、それがきわめて短い時間のうちに行われるさま。

分析1 「にわかのお立ち」「にわかに帰り支度を始めて、あわただしく引き上げていった」「病状がにわかに悪化した」「一天にわかにかき曇り……」「世の中がなにやら、にわかに騒がしくなってきた」

「にわか雨、にわか勉強、にわか仕立て、にわか成金、にわか分限、にわか雪」のように、今までの状態から推して、ほとんど恒常的で変わりそうもない安定した状態が、僅かの時間で急激に他の状態へと移行すること。多くはマイナス状態への急変を指すので、「病状がにわかによくなった」とはふつう言わない。この点が「急に」との違いである。「にわか」は、多くの場合、その急変の様相が、視覚など感覚器官でとらえられる状態のときに用いられる。また、客観的に観察できる状況変化を表すので、いくらマイナス状態への移行でも、「急に腹が痛くなってきた」「急に寒けを催す」を「にわか」に置き換えると不自然になる。

分析2 「にわかには決めがたい」「にわかには賛成できない」など、現時点からみて〝差し迫ったごく短い時間内で〟〝差し当たってすぐに〟の意味で用いられることがある。この場合は、客観的に観察できる状態変化ではなく、話し手の精神活動であって、慎重を要し、簡単には結論が出せない気持ちを表す。打消と呼応する。

関連語 急

「急に」も「にわかに」と同様の用法がある。「そんな藪《やぶ》から棒に言われても、急には答えられない」「そう急には仕度できない」「急には用意できません」

右の言い方は「突然、突如、いきなり、不意に、だしぬけに、やにわに」等には言い換えられない。

「急に」は、ある短い時間的、場面的な幅の中で状態が激しく速やかに変化することを表す。「突然」がほとんど瞬間的な現象であるのと、この点が異なる。

「彼岸も過ぎて急に涼しくなった」「四丁目の角を過ぎると急に辺りがひらけて、人家もまばらになる」「高校卒業のころから彼女は急に美しくなった」「父は最近急に体が弱ってきた」

「急に」は、ある状態から他の状態へと速いテンポで変じていくことで、プラスからマイナスの状態へ、または、その逆方向へ激変することを表す。

「急」は〝急がねばならぬ差し迫った状態〟「急を要する」「急の用事」「急を救う」等、名詞の用法も多い。形容動詞としての用法も、「ゆるやか」と対応する「急な坂道」「急な流れ」など、意味・用法の幅が広い。⇩ゆるい（二六七頁）

「急」は傾斜の度合いが激しい様子「急な階段」「急な坂道」、傾斜が大きい所を流れる川の水の激しく速い様子「流れが急だ」、物事の進行が速く激しい状態「急に決まる」「急な話」「急な用事」「急にめまいがして倒れる」等、状態の変化が激しい様子に広く用いられる。

はげしい〔激しい〕形容詞

作用・動作の行われ方、状態、性格などに対して用いられ、その動き・変化・刺激などが極端にはなはだしい様子。

分析

激しい……雨、埃《ほこり》、地震、嵐、風、流れ、炎、恋、息づかい、腹痛、下痢、変化、ひきつけ、往来、労働、競争、口調

「激しい」で表される状況は、作用や動作といった動きである。「激しい……性格、気性、

タイプ、人」のような性質や、「激しい……暑さ、寒さ、匂い、爆音、恋心」のような状態を表す場合でも、「激しい」で示される状況は、その奥にある動きの振幅の大きさ、間断ない刺激の襲来といった動的な要素を前提としている。そのため、連用形で用言に係る場合も、

激しく……打つ、詰め寄る、なじる、吹く、流れる、燃える、咳《せ》き込む、鳴る、泣く

のように、動作動詞を修飾する例ばかりで、「激しく騒々しい」とか「激しく賑やかだ」「激しくけちだ」のような形容詞・形容動詞に係る言い方はしない。(この点が「ひどく」「すごく」などと異なる。)名詞に係る場合も、「戦争、試合、論調、腹痛」のように極端な動きや作用を予想できる動的な概念の名詞に限られる。「激しい肺病」などとは言わない。

関連語 **穏やか**

「激しい」の反対は形容動詞「穏やか」であるが、「激しい」は回数の多さや勢いの強烈さを表す語なので、「穏やか」と置き換えられない場合が多い。「激しい波/穏やかな波」、そのほか「海、顔、性格」「激しく言う/穏やかに言う」などは、両語とも可能な場合だが、「激しい嵐」「激しくなじる」などは「穏やか」で表すことができない。「嵐」や「なじる」は穏やかではありえ

ない事柄だからである。逆に「穏やかに頼む」などは「激しく」が使えない。

また「穏やかに話す」のように連用修飾をする場合、下にくる動作動詞は、多くは他動詞で、それも他人に対して行う意志的な人間行為の動詞が主である。自然現象の場合は「吹く、流れる、波打つ」など、ごく限られた語しかない。「水車が穏やかに回る」などとはあまり言わないであろう。この場合、自然現象を擬人化して用いたと考えてよい。一方、人間行為の場合は、「……ニ」の助詞で、他者への働きかけを示す他動詞が圧倒的に多い。「語る、言う、訴える」などは「激しく／穏やかに」のどちらも可能だが、「激しく」しか使えないものとして「……ヲ抱きしめる」がある。また、「激しく……働く、走る、泣く」など、自動詞は「穏やかに」で表しにくい。「穏やかに眠る」などは、まれな例である。

なお、「穏やかな……波、海、気性」などは、「激しい」のほかに「荒い」とも対義関係を持つ。

関連語　すごい　ひどい

両語とも程度の極端さを表すが、先に触れたように、「激しい」が動きを内包する語としか結び付かないのに対し、これらは静的な概念の語とも結び付く。

すごい／ひどい……病気、吝《しわ》ん坊、怪我、事件

「楽しい一時」「面白い本」「おいしい料理」「けちだ」「静かな景色」「穏やかな物腰」「大きなこぶ」などは「すごい／ひどい」は使えるが、「激しい」では形容できない。「激しい」は「穏やか」と対義関係にあり、矛盾概念なので、「激しく穏やか」は成り立たない。しかし、「すごく穏やか／ひどく穏やか」が可能なのは、両語とも程度の強さを表すだけで、「激しさ」の意味を持たないからである。

「すごい」は〝物凄い〟で、恐ろしい感じ、気味悪さを与えるようすが基本義。「すごい奴だ」は、こちらが脅威や戦慄《せんりつ》を覚えるほどの人物のことで、プラス評価である。したがって「すごい」は、悪い場合にも、よい場合にも、関係なく使える。「すごい美人」「すごく楽しい」「すごく上等な部屋」「すごく好き」などはプラス評価、「すごい形相」「すごい汚れ」「すごい雨」「すごく恐ろしい夢」などはマイナス評価である。

一方、「ひどい」は、「ひどい奴」に見られるように、無慈悲で残酷で、人情味に欠けるという意があり、マイナス評価の語である。「ひどい仕打ち」「ひどいめにあう」など、人間行為に関するものは、もちろん悪い場合に限られるが、「ひどく寒い」「ひどい災害」「ひどい頭痛」「ひどい傷」など、人間行為以外の事柄に関してもマイナス評価が本義である。「すごい成績／ひどい成績」は、プラス・マイナスの評価の差が歴然とした例である。「ひどく……」と連用修飾語となる場合、まれにプラス評価の例が現れる。「ひどく美しい人」「ひどく物静かな態度」「ひどくうれしい」など。

しかし、「ひどく」の使い方としては規範的なものとは言えない。「ひどい」「すごい」は口頭語なので、文章語としては避けたい。

はやい〔早い　速い〕形容詞

（ものの順序・時期・動きのスピードなどが）時間的に見てより前のほうである状態。より後のほうである状態が「おそい」「のろい」。その状況から①時間面と、②動作面とに分けて考える。

分析1 ①の「はやい」には、①時の流れを待ち受けて、より先にその時機が到来する「夏は日の出がはやい」「はやく寝ろ」「結婚するにはまだはやい」「兄のほうがはやく目を覚ました」「はやく言え」のような時刻・時期を表す場合と、②時の流れに乗ってより先に終点に達する「時の経つのがはやい」「会議の進行がはやい」「息づかいがはやい」のように、事が運ばれる時間の長短を問題とする場合とがある。

②の動作面の「はやい」も、一定時間における仕事量（もしくは一定仕事量における所要時間）を問題とするのだから、本質的には①②と同じである。「彼は仕事がはやい」「頭の回転がはやい」「音より光のほうがはやい」のように、行為・動作・作用の速度は時間の観念を抜きにしては成り立たない。

分析2　①は話題の時点・地点側から見た表現。「もう帰ってきたの。はやかったねえ」と到来の時期や後先関係を問題とする。②は起点側からの表現で、「ぼくは足がはやいからね」と、起点を出発したものが、より先に終点へと近づく、または到達する、その時間の短さや仕事量を問題とする。①は到来の時点が前であることを、②は速度が大きいことを表すが、同一仕事量のときは当然所要時間は短くてすみ、より前の時点で上がるのだから①②は根本的には同じである。

「春よ来い。はやく来い」も、「はやく春になれ」と解釈すれば①、「急いでやってこい」ととれば②。「はやく」には「すぐ」「じき」「間もなく」「やがて」と共通する①の発想と、「急いで」「速やかに」「迅速に」「すばやく」「てばやく」「さっさと」「さっと」と共通する②の発想とがある。

なお、対義語「おそい」にも①②の用例が見られるが、②の用法は「のろい」を多く用いるようである。

①

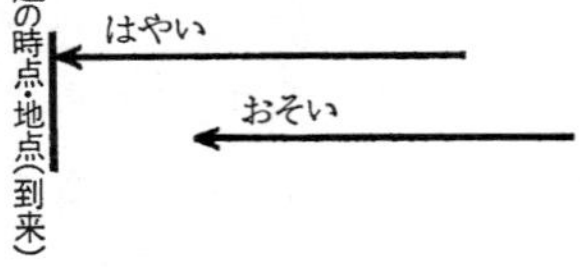

②

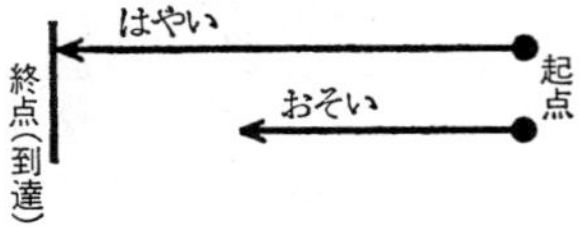

関連語　すばやい　すばしこい
ともに人・動物の動作（②）にのみ用いる。「すばやい」は一つの動作をごく短時間内でさっと行うようすを表す。「すばしこい」はもと「はしこい」で、機を逃さず速やかに行動に移す敏捷さをも表す。「はしこい奴だ」のように頭の回転の速さや、「すばしっこくてなかなかつかまらない」のように、行動の敏捷さにも使われる。「はやい」より意味・用法とも狭い。

ぴったり　副詞

「ぴたり」の促音化したもので、「ぴったりする／ぴったりと／ぴったりだ／ぴったりな」とサ変動詞や形容動詞化しても用いられる。二つの事物・事態にずれがなく、完全に一致する状態にいう。⇩ちょうど（一七〇頁）

分析　(1)物同士が隙間《すき》なく密着している様子をいう
「ぴったり寄り添う」「ぴったり貼りつける」「戸をぴったりしめる」（「ぴたっと」も用いる）埠頭にぴったり船を横着けにする」
隙間のない完全な一致は、両者がよく合う意に転用され、
(2)事柄が完全に一致相応するさま

となり、「靴が足にぴったりだ」「お前にぴったりの嫁だ」（似合いの嫁だ）
(3)事物が完全に相当し一致するさまとなる。「答がぴったり当てはまる」「予想がぴったり的中した」「一度でぴったり言い当てる」「検算の結果とぴったり一致した」さらに、
(4)時間・数量などがずれ込んだりはみ出したりしないで完全に一致する意となり、「時間ぴったりに終わる」「十メートルぴったりだ」「この時計は十時ぴったりで止まっている」そこから
(5)動きや変化のある事物が勢いにのって進みすぎず、完全に静止するさまを表すようになる。「風がぴったりやんだ」「汽車がぴったりと止まる」「悪習がぴたりと絶えた」

このように「ぴったり」は種々の意味を派生させるが、時間・数量の表現(4)に用いられた場合、「ちょうど」ときわめて近い意味を帯びている。「ぴったり十時／十時ぴったり」と二様の承接形式がみられる点も酷似している。

時の表現「ぴったり」は、「この時計はぴったりですよ」（進みも遅れもしていない。正確そのものの意）の例文が示すように、時刻の正確さを表す。事柄の進行（ここでは時計の針の動き）が時間の流れに正確に一致することは「ぴったり」が表す〝二者の完全一致〟の発想に合っている。そこから〝継続する事柄の開始か終了が特定の時刻から寸分も

はずれない〟「予定通り十時ぴったりに開始する」「時刻表通りぴったり十時十五分に到着した」のような使い方も生まれる。何かが基準とする時刻に対し早すぎも遅すぎもしないという〝時の一致〟が「ぴったり」なのである。そこから〝正確さ〟の気持ちも生まれる。「ちょうど十時／十時ちょうど」のような偶然性の意識はない。

関連語　きっかり　かっきり

「ぴったり」と同様、数量や時刻の名詞の前後に付けて用いられる語に「きっかり」「かっきり」がある。数量や時を一定の単位で区切っていったとき、その区切れ目からほんのわずかもはみ出さないことを表す。本来、区画や区切れのはっきりした状態を表す擬態語で、「きっちり／きっぱり／くっきり／はっきり／ぴったり／めっきり……」など「□っ□り」形式の一連の語（九十語ほどある）に共通した状態形容の副詞である。数量や時刻がはっきり整った状態にあるということは、切れ目のいい数値であって端数が付いていない。要するに「きっかり十時／十時きっかり」はいいが、これが数分・数秒ずれた場合、たとえば、十時十三秒過ぎとか、十時三分半前などであったときには「きっかり」とは言えない。「きっかり十時半に始まる」「正午きっかりに終わった」などは言えるようである。時刻以外でも「きっかり五百円ある／五百円きっかりだ」「きっかり三百枚」「百人きっかり」「八十点きっかり」など数量に対して用いられる。

「かっきり」もほぼ同じ意で同じように用いられる。「かっきり十時に始まる」「五時かっきりに締め切る」「かっきり百枚必要だ」など。

ひときわ〔一際〕副詞

周囲の多くの同類の事物の中で特に目だって特徴的である状態。外面的な状態、内質的なレベルのほか、その事物の時間的に変動する程度に対しても用いられる。⇩とりわけ（一八三頁）

分析 多くの事物の中で相対的な程度として、他よりとびぬけて目立つ状態である。価値評価の伴う場合もあるが、必要条件ではない。

「ひときわ赤い花」「ひときわ大きい建物、あれが公会堂です」「彼の詩の中でも、ひときわ優れた作品」「このバスケットボールのチームは背の高い選手がそろっているが、中でもひときわ高い選手」「あと一人ストライクを取ればと投げ急いだのだろう。それまで内角へシュートを配して的を絞《しぼ》らせない投球をしていただけに、ひときわその感が強い」のように、その特徴面ではいずれも平均を超えたかなりの程度まで達しているのである。その中でも特に目立ってはなはだしい状態にあるものを取り立てていう語である。平均以下のものの中で一つだけずば抜けているのではない。

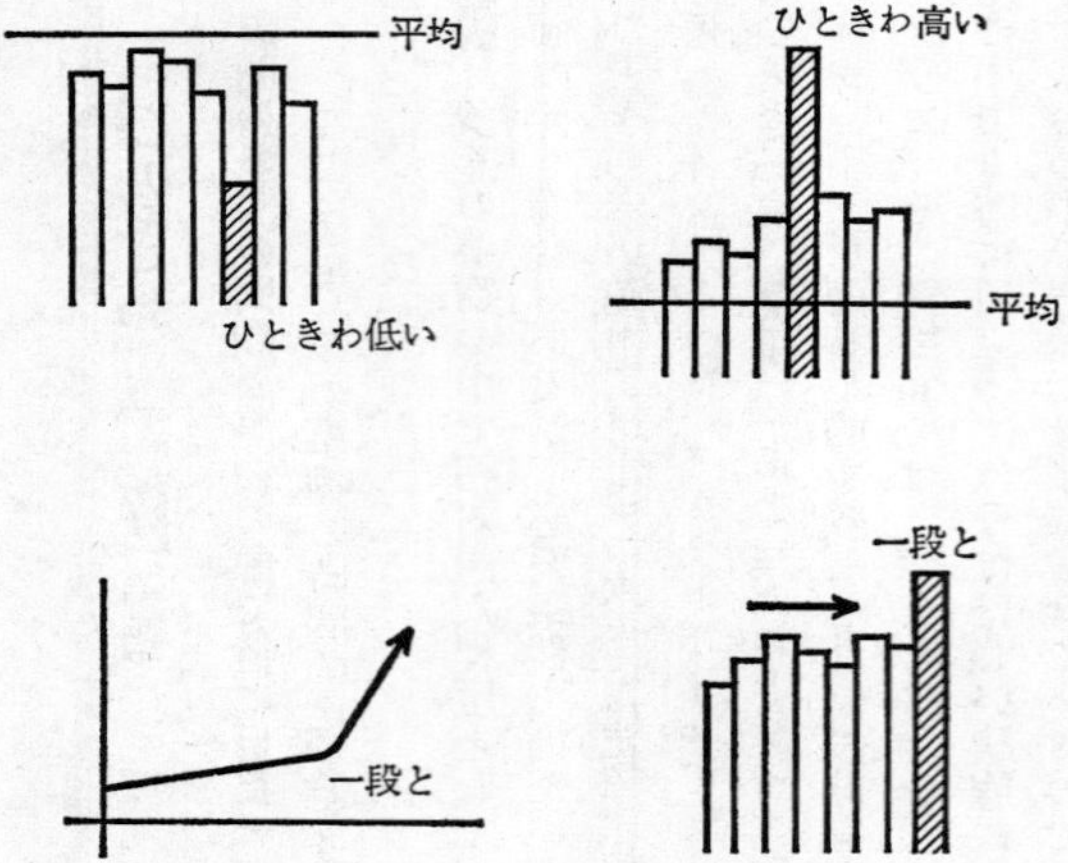

「今年の冬は例年になく寒かったが、その中でもひときわ寒い一日であった」

気温変化という一つの流れの中で突出した山である。また、「クラスの中でもひときわ目立つ存在」のように「ひときわ」は一度で概観できる範囲の中での際立った様子をとらえることばである。

「祭りの日はひときわにぎわう」のような、背景となる事柄（「祭りの日」に対する「普段の日々」）が文面に現れていなくとも、「ひときわ」で示される事柄は、それと同類群が話し手の視野や観念の中で同時的に把握されており、〝その同類群の中でも特に目立って〟というとらえ方であるところに特色がある。

関連語 **いちだんと**

「西の空が一段と赤みを増して、やがて次第に薄れていく」「今日は一段とお美しい」「今までよりも一段とむずかしい試験に挑戦する」「これまでの機種とは違って、一段と精巧になっております」「今日はまた一段と寒くなった」「一段と気になる話」「一段とよい味になっております」

「いちだんと」は「一段と」で、それまでのものや他のものに比較して、程度に格差のついた状態にあること。他の事物は「ひときわ」と同様、多数の同類のものでもいいし、特定の個を比較の対象にすえてもよい。

「あの選手の方が彼よりも一段と信頼のおけるピッチャーだ」

「スピードが一段と増す」のように、それまでと比べて程度に落差を生ずることも「一段と」である。

ひとしい　〔等しい〕　形容詞

本来異なる二つ以上の事物を、その行為や性質・数量・程度などの面において比較し、両者が（または、それらが）同じ価値を有していると判断する表現。

「三角形の内角の和は二直角に等しい」「三辺の長さが等しい三角形」「角Aは角Bに等し

い」「大きさの等しい二つの面」「あの打者に直球を投げるのは自殺行為に等しい」「守られない規則など無いに等しい」

分析 1「AトBハ等しい」、2「AハBニ（ト）等しい」の二種の文型がある。「角Aは角Bに等しい」の場合、「角Aと角Bは等しい」の文型も成り立ち、A・Bの位置を入れ換えても大差ない。しかし、このような入れ換えが可能なのは1文型の場合で、2文型では、たとえ入れ換えができても表現意図が異なってしまう。

「AハBニ等しい」は、Aが価値的にBの表す価値と差がないということで、AをBに引き当ててみる比較で、「A→B」の方向をとる。「角Aは角Bに等しい」なら、角度という全く同類同士の比較であるから「A↔B」も論理的に成り立つ。しかし、A・Bが同類ばかりとはかぎらない。「等しい」と認定する発想は、むしろ主題として取り上げたものを全く異種のものと引き合わせ、価値的に結び付けるところにある。

「明るさの弱まり方は距離の二乗に等しい」

「弱まり方」と「距離」とは直接には結び付かない概念である。ただ数量価値という面で両者が一致する。異種の概念や、次元の違う概念を「AハBダ」と認定する裏には、〝Aはある面においてBと価値的に共通する〟という前提がある。先の例なら〝照度の減少率が示す数値〟という文面に表れないある面を踏まえなければ「距離の二乗に等しい」と結論することはできない。Aが示すBとの共通の地盤が主題であることを無視して「A↔

B」と逆方向も同一の意味を持つと結論することはできない。「畜生にも等しい卑劣な振る舞い」（Bニモ等しいA）と言っても、畜生（動物）は卑劣な振る舞いと等しくはない。BはAの価値水準を示す譬《たとえ》として持ち出された概念で、「B＝A」ではないのである。

②の文型「……Bニ等しい」は、しばしば「ほぼ同じ」「……のようだ」「……みたいだ」の比喩《ひゆ》表現として用いられるので、注意したい。「偶像にも等しい存在」「働き蜂に等しい世の亭主族」

関連語　**同じ　そっくり**

「等しい」は異質のもの同士を比較して、ある点において価値的に差がないと判断する。「同じ」は、異質のもの同士とはかぎらない。

(1)そのもの自身を指す場合

「同じ日の午後」「二つの事件は同じ犯人だ」「三年間同じ先生に習った」「明日の時間割は今日と同じだ」「明けの明星と宵の明星は同じ星だ」「毎日同じ献立」「ぼくも君も誕生日は同じ日だ」

人・物の場合「同一」に言い換えられる。しかし「等しい」に言い換えることはできない。

(2)同種のものを比べる場合

「今回の事故は以前の事故と同じケースだ」「娘のすることは母親と同じだ」

「モンゴル人は日本人と同じ顔をしている」「髪の毛も同じ、目の色も同じだ」「君の時計はぼくのと同じだ」

「同じよう」に言い換えることができ、両者の間に相違点を見つけることができない、または、両者の間に変化がない気持ちである。

「等しい」は価値的な同等だが、「同じ」には価値判断はない。「二人は同じ場所にほくろがある」と言う場合、その場所に価値的意味はない。(1)と同様「等しい」に言い換えることができない。

(3)異なるもの同士を付き合わせ、両者に全く相違点が見いだせないという場合

「収入と支出が同じだ」「縦を横と同じ寸法にする」

価値という点で「等しい」の意味に相当する「同じ」である。

「同じ」は、同一から近似的なものまで、指す内容に幅があり、厳密に言えば異なるもの同士でも、「同じ」と言うことができる。「同じ」とは、たとえ比較する対象が互いに異なる個体・事物であっても、類似しているために相違点を見つけることができないという認定である。この点が、次に述べる「そっくり」と異なる。「双子は同じ顔をしている」と言えば、両者の顔立ちをイコールで結び、「そっくり」を使えば、本当は違うがはなはだ

近い、と考える。事実、全く同一のものが二つ以上存在することがありえないものの場合は、両者は当然違うはずである。したがって、「同じような」の言い方もできる。「等しい」は、そのような場合には使わないので、「ような」の言い方はない。また、多少違うこともあるから「ちょうど同じ」と言えるのであって、「ちょうど等しい」とは言わない。「そっくり」は、当然異なるはずの両者が見分けにくいほど、きわめてよく似ていることである。つまり、究極的には両者は別物だという発想なのである。だから「田中君の顔立ちは吉田君とそっくりだ」は言えるが、「同じだ」は言えない。「同じ筆跡」は同一人物の筆跡であり、「そっくりの筆跡」は、非常によく似せた他人の筆跡である。なお、「そっくり」は目や耳でとらえられる現象の類似によく使われる。

そっくりの（な）……顔、服装、声、性格、関係

「等しい」は文章語的であり、「そっくり」は口頭語的である。「同じ」はどちらにも使う。

ふさわしい　形容詞

ある事物が、その対象や主体に関係するものとして不釣り合いでなく、いかにもそれに似合わしいぴったりな状態にあること。

分析（「AハBニふさわしい／AハBガふさわしい」の形で）「ふさわしい」と把握され

る事物Aは、人、物、事柄、行為、状態など、かなり範囲が広い。

「お前にふさわしい嫁だ」「そんな高級品は私にはふさわしくない」「この客間にふさわしい壁飾り」「本校生徒としてふさわしい成績」「一国の宰相として、それにふさわしいだけの人格者であらねばならぬ」「良家の子女としてふさわしからぬ口のききよう」「教職が彼には一番ふさわしい」「性格的にみて外交関係の仕事は僕にはふさわしくない」「横綱にふさわしい立派な星」

これらの例にみられるように、「AハBニふさわしい／BニふさわしいA」の形で、BがAに対して価値的に、または質的に適合している状態にあることを表す。「そんな高級な金時計など私にはふさわしくない」なら自然だが、外形・外面の状態、たとえば「そんな真っ赤なセーターなど私にはふさわしくない」とは言わない。「似合わない」「合わない」などを用いる。「お前にふさわしい嫁」は、家柄や学歴・教養などその人の社会的価値を〝お前〟と比較して、ちょうど釣り合いがとれていると考える。「ふさわしい」は、このような価値評価の観念に根ざしている。

また、「AハBニふさわしい」と言うとき、Aは話題として取り上げられた事柄ではあるが、発想としてはBを中心にAがそれに適合しているかどうかを判定する。Bを基準に置いての評価と言っていい。したがって「事務職は私にふさわしい／私は事務職にふさわしい」はどちらも可能であるが、「九十点は彼にふさわしい成績だ」を「彼は九十点にふさわしい人物だ」と言いかえることはできない。

関連語　にあう　にあい　あう

「AハBニ似合う／似合っている」「AハBガ似合う」「Bニ似合ったA」「Bト似合いのA」などの形で、AとBとがしっくりと調和する状態にあることを表す。「ふさわしい」と違って、外形・外面の状態が釣り合いのとれているさまに用いられる。「その服あなたにとっても良く似合うわ」「富士山には月見草がよく似合う」（太宰治）、「いつもの先生には似合わぬあわてよう」「ふだんの彼には似合わぬ汚いやり口」「似合いの夫婦」

「合う」も用いられる。「彼とは性格が合わない」「ネクタイの色が服に合わない」「この職業は私には合わない」「ウマが合う」「そりが合わぬ」のように、しっくり両者が調和して一つの全体を作り上げるような場合に用いる。AとBが内容的・性格的に一体化し融け合って一つの状態となっているのである。「似合う」があくまで異なるもの同士の外面的調和であるのと相異する。「合う」には、その他、形、大きさ、長さなどの適合にも用いる。「足に合わない靴」「外国製の椅子は日本人の体格に合わない」「キーが鍵穴に合わない」〝一致しない〟のである。

「テーブル掛けが机に合わない」はサイズの違いを考え、「テーブル掛けが机に似合わない」は色合いや柄《がら》などを考え、「テーブル掛けが机にふさわしくない」は高級・下等といった質のアンバランスを考える。

ふたたび〔再び〕副詞

以前と同じ状態・状況が生起し成立する。

分析「再び春がやってきた」「戦後再び文壇に復帰した」「再びペンを執る」「再び政界に返り咲いた」「再び政権を握る」「二度と再びこんな失敗を犯すな」「病に倒れ、再び立てなかった」

「再び」は動詞に係るが、状態的な事柄に用い、以前の状態と同じ状況がもう一度生じることを言う。もう一度生起する瞬間的な状況変化として示される。文法的には、近接の動詞に係り、否定には係らない。

「彼は再び現れなかった」

は、『再び‐現れる』＋ない」で、〝再び現れることが起こらなかった〟である。この点が「また」と異なるところである。

「彼はまた現れなかった」

は、「また＋『現れ‐なかった』」で、〝現れないという事態がまた生じた〟のである。

「再び」は、〝以前と同じような状態になることがもう一度〟で、〝状態になる〟という状況変化を表す動詞にのみ係る。

「また」は、〝今回も以前と同じような状況になる〟で、〝現れない〟という状況が今回も生じたのである。

関連語　**また**

「また」は、下に来る事柄が他と同じ事柄である場合に使用される。これが叙述の繰り返しであれば接続詞となる。したがって「また」によって示される事態は時間的なものとはかぎらない。同じ事柄が重なれば「また」となる。

「今日もまた遅刻だ」「今度もまた失敗した」「浅間山がまた噴火した」は、同じ事態・状況が時間的に隔たって繰り返される場合である。

「彼もまた変人だ」「これもまた傑作だ」「それもまた面白かろう」「これはまた、なんと驚くべきことだ」「今日はまた、なんて暑いんだ」

となると、時間的観念はない。前の二例は単に同じ事柄が重なることを表す。そこから、後の三例のように、事柄は同じだが、〝前とは違って〟〝前より以上に〟〝やはり〟〝驚くべきことに〟など、結果が変わる観念へと発展する。

しかし「また」は本来、事柄の重なりを表す語なので、特に状態を言うのに用いるとはかぎらない。

「さっき食べたばかりなのに、また食べるのか」「また会おう」「今日もまた忘れちゃった」「また雨が降ってきた」のように、行為や現象の繰り返しにも用いられる。「また」は「またしても」「またもや」等の形でも用いられる。

関連語 もう一度

「もう一度」は意志的に行う行為、もしくは話し手の主観で〝さらに一回〟という追加意識があるとき用いられる。

「もう一度会いたい」「もう一度でいいから歌ってくれ」「もう一度がんばってだめなら、あきらめよう」「もう一度チャンスを与える」「年内にもう一度雪が降るでしょう」「はじめ小さな横揺れがあって、それから大きく揺れて、ちょっと治まってから、もう一度大きな上下動がきた」「夢よ、もう一度」

「もう一度」は、何回もの繰り返しを前提としない場合で、すでに完結している事態に、さらに同じ事柄を一回追加する意識である。周期的に生じる事柄や、何回も連続的に繰り返される事柄には使えない。「再び春になった」「また日曜日がめぐってきた」は「もう一度」とは言わない。「もう一度」は、「も一度いっしょに、ちいぱっぱ」など、前と全く同じ内容の事柄を再度追加して行う意識であり、その点が「また」と異なる。

「また試験します／もう一度試験します」

「また検査した／もう一度検査した」

「また電話している／もう一度電話している」

「また」は、ある行為を再び行うことで、行為や動作が同じであれば、前とは別の内容・問題・相手であってもかまわない。それに対し「もう一度」は前と同一内容を同じ方法で、同じ相手に対して再度行う場合に用いられる。

関連語　二度と
「もう二度と来るな」「二度とお前の顔なんか見たくない」「二度と同じ失敗は繰り返すまい」「二度と悪いことは致しません」「二度とない絶好の機会」
同じ事態がもう一度生起する可能性を強く否定するとき用いる。「絶対にない」の気持ちとなる。

－ぽい　接尾語（形容詞型活用）

ある種の動詞の連用形、形容詞・形容動詞の語幹、名詞に付いて、その傾向・状態・

要素などが色濃く現れて、その主体の一つの特異な属性となっていることを示す。やや俗語的な語。

分析1 「〜ぽい」の付く語は「飽きっぽい、怒りっぽい、湿っぽい、汚れっぽい、忘れっぽい、安っぽい、気障《きざ》っぽい、俗っぽい、埃《ほこり》っぽい、いたずらっぽい」のように、多くマイナス評価の語である。「子供っぽい、筋っぽい、骨っぽい、水っぽい、理屈っぽい」など、先行語自体としてはマイナスの意味でなくても、「〜ぽい」が付くことによってマイナス要素が加わる語もある。先行語だけでは一つの行為であったり、事態であったり、事柄であったりして、プラスにもマイナスにも働く場合である。「安い」は、それ自体では、プラスの場合も、マイナスの場合もある。しかし、安いことが一つの属性として固定すると、値段が低いというその場の状況ではなく、安物という恒常的な価値づけとなり、マイナスの意味を持つ。「〜ぽい」は、(中立、またはプラスの位置にあった)人物・事物がマイナス方向に強く引き寄せられ、そのような属性を傾向として強く帯びてしまった状態である。「子供っぽい」は、本来子供ではないはずの人物が、子供的要素を強く帯びているさまである。

あるべきでない状態・性質を持っているということは、判断者が理想とし、期待し、予測していた基準値からはずれることで、マイナス評価となりやすい。「〜ぽい」は〝本来はもう少し現状とは違う状態であるはずなのに、ずれている。他の傾向・要素を帯びてしまっている〟という気持ちである。その点「いかにも子供らしい仕種《しぐさ》」「男らしい堂々とした態度」などの「〜らしい」は、判断者の基準とする条件を特に強く帯びている状態を表し、「〜ぽい」の逆である。つまり「子供らしい」は、〝子供が持っている特性・特質を十分に備えている様子〟を言い、プラス評価となりやすい。「子供っぽい」は子供ではない対象に対して下すマイナス評価であり、「子供らしい」は子供に対して下すプラス評価の表現である。

分析2　犯人の似顔絵を見せられて「もう少し子供っぽかったと思うよ」と言ったり、洋服屋で「もっと黒っぽい生地はありませんか」と尋ねたり、「彼、ずいぶん白っぽい顔をしているね。どこか具合でも悪いのかな」などと言う場合。

いずれも話し手の脳中には、犯人の姿や、適当と考えるある色合いや顔色のイメージが存在する。それと現状とのずれに対して「〜ぽい」を用いている。色の場合は「〜がかる」（赤みがかる、白みがかる、紫がかる、など）と言い換えられる。

「〜ぽい」は外部の状況を、話し手が脳中のある基準と重ねてみて、ずれを感じる気持ちを表す。脳中の基準と重ねるということは、外部の対象を、なんらかの形で自己の人間的感覚のふるいに掛け、評価することである。「熱い」は、客観的な状態「太陽は熱い」のような、皮膚感覚を離れた程度表現として成り立つ。一方、「熱っぽい」と言えば、「彼の弁舌は次第に熱っぽくなってきた」「熱っぽい口調」のように、相手の態度様子を直接肌で感じるようにとらえた言い方もできる。はなはだ感覚的な語である。自然物、自然現象などを表した語でも、「〜ぽい」が付くと受け取り手である主体の感覚のふるいに掛けてとらえた対象となってしまう。「埃っぽい、湿っぽい、水っぽい、汚れっぽい、黒っぽい」等。

目の感覚……青*っぽい、赤っぽい、黄色っぽい、黒っぽい、白っぽい、茶色っぽい
鼻の感覚……いがらっぽい（＝えがらっぽい）、むせっぽい
口の感覚……粉っぽい、筋っぽい、骨*っぽい、油っぽい、水っぽい
皮膚感覚……熱*っぽい
肉体的、生理的全身感覚……疲れっぽい
環境・雰囲気……湿っぽい、埃っぽい、田舎っぽい
精神的……忘れっぽい、理屈っぽい、飽きっぽい
性質・態度……あわてっぽい、疑ぐりっぽい、恨みっぽい、怒りっぽい、熱*っぽい、
ひがみっぽい、惚れっぽい、荒っぽい、哀れっぽい、いたずらっぽい、
気障っぽい、浮気っぽい
状態……あだっぽい、艶《つや》っぽい、男っぽい、女っぽい、エロっぽい、色っぽい、
俗っぽい、安っぽい、大人っぽい、子供っぽい、書生っぽい、不良っぽい、青*っぽい、骨*っぽい、汚れっぽい

分析3　「〜ぽい」が付いて表される意味は、先行語によって異なる。動詞に付くと〝じきにそのような状態になってしまう傾向を性質として持っている〟状態を表す。形容詞・形容動詞の語幹や名詞に付くと、〝そのような性質・要素が本性を圧するほど濃厚に現れている状態〟を表す。自然の作用を表す動詞（湿る、汚れる）、物を表す名詞（油・粉・骨、水）および形容詞に続く場合を除けば、だいたい人間の精神作用にかかわる状態か性質を表している。動詞はマイナス評価の自動詞に、形容詞は色彩形容詞に、形容動詞は人間の行為・状態を形容している語に続く場合が多い。複合語には付かない。

-やすい

関連語　「〜やすい」にも、〝すぐにそうなる傾向が強い〟という意味がある。「壊れやすいガラス」「はがれやすい切手」「取れやすい把手《とって》」など。ただし、「〜やすい」は〝今はまだそうなってはいないが、そうなりがちな性質を備えている〟場合にのみ用い、「〜ぽい」のように、〝すでに以前からそのような状態になっていた〟という例（湿っぽい、埃っぽい、水っぽい、黒っぽい、子供っぽい、など）が見られない。また「〜やすい」は形容詞や形容動詞・名詞には続かない。⇩-がち（六〇頁）

ほかに、「やすい」には〝そうすることが比較的容易な状態〟を意味する場合もあり、「歩きやすい」、「使いやすい」、「覚えやすい」、なども用いられるが、「〜ぽい」には、

このような意味はない。⇩－にくい（一八九頁）

ほとんど　〔殆ど〕名詞　副詞

全部とまではいかないが大部分、事柄に対して用いれば、完全とまではいかないが九分九厘、の意味になる。

分析1 「ほとんどの生徒が九〇点をとった」「出席者のほとんどが賛成してくれた」「ほとんど全員が参加します」のような名詞用法と、「工事はほとんど完成した」「新築アパートはほとんどふさがった」「遭難者はほとんど救助された」「あの外国人の言うことがほとんど分かった」の副詞用法がある。

後者は否定表現と呼応して、「試験問題はむずかしすぎて、ほとんど手がつけられなかった」「日本語がほとんど話せない」「ほとんど完膚なきまでにやっつけられた」「今月は雨がほとんど降らなかった」「彼の作品はほとんど世間に知られていない」「ほとんど見込みなし」などと言う。

副詞用法も名詞の場合と同様、〝大部分〟という数量の程度概念を伴う。「食事にはほとんど手をつけてない」「ほとんど」は手をつけるという行為を修飾しているのではない。手をつけた量の少なさを指しているのである。「ほとんど分からない」も、分からない部分の量を問題とし、〝分からない部分は全体のほとんどを占める〟という意味である。したがって、理解の量を問題としない事柄「目指す先生のお宅がどこか分からない」は、「ほとんど分からない」とは言わない。数や量、程度を前提とする内容にだけ使える。「英字新聞を広げてもほとんど分からない」「クイズ一〇〇問に挑戦してみたけれど、ほとんど分からなかった」「あの外国人は、こっちの言うことがほとんど分からないらしい」など、「ほとんど」は、量を前提とした事物の全体に対し、その大部分を占める割合を取り立てる発想である。⇩おおよそ（五四頁）

分析2　「車にひっかけられて、ほとんど命を失うところだった」「八回裏までずっと点差が開いていて、ほとんど負ける試合だった」「とうてい無理だと、ほとんどあきらめていたんだ」など。

その事態の成立する可能性が高かったにもかかわらず、成立しなかった場合に用いる。行為を修飾する「ほとんど」であるが、基本的には、先の例と変わらない。

関連語　**あらかた**

「あらかた」は「ほとんど」と同じ意味で用いられる。ただし、直接、名詞に係る用法を持たない。「金はほとんど全部盗まれた」を「あらかた全部盗まれた」と言い換えることはできない。「あらかた」は、具体的に事物を指し示し、その大部分が、以下の動詞で示される状況としてほぼ成立する場合を意味する語である。

「工事はあらかた終わった」「相手の言うことはあらかた理解できた」「大水であらかた流された」「単語はあらかた覚えた」など。

抽象的な事柄の場合、否定表現にはあまり用いない。

「先週はあらかた雨が降らなかった」「あらかた見込みがない」「あらかた不可能だ」などとは言わない。

関連語　**あらまし**

「あらかた」は、事実が〝全体の大部分を占めている状態〟で、ほぼ全部に近い程度である。「あらまし」は、事実の全貌《ぜんぼう》をはっきりと示すことを避け、意識的におおよその所を示す気持ちである。

「事件のあらましを語る」「事件の顚末《てんまつ》をあらまし説明する」「工事はあらまし完成した」など。

まして〔況して〕副詞

「まして」は「増して」とも書かれ、ある状況に、さらに極端な状況が加わり重なることを示す。

分析　1ある一般的な状況の上に、さらにより厳しい状況が加算されることにより、状態が当然そうなることを強調する。〝その上……だから、当然〟の意味となる。

「みんな規則を守っている。まして、君はクラス委員だ。校則を守るのは当然じゃないか」「ただでさえ生活が苦しいというのに、まして最近のこの物価高、どうやって生きていったらいいのだ」

この二つの状況が、一方が重く著しく、他方が軽いというように、対照的な状況として、対比の形で並ぶと、2で述べる〝Aでさえ……だから、Bはもちろん……〟という慣用的な一つの言い回しとなる。

2「先生でさえわからないのに、まして生徒のぼくにできるはずはない」「子供でさえやれるのに、まして大人のお前にできないことがあるものか」など。

ある状況において、著しいほうの例をあげて〝それですらある状態となるのだから、他方の場合は言うまでもない〟と、軽いほうの例が当然そうなることを強調する言い方である。〝だから当然〟の意味に近い。

関連語　いわんや

「いわんや」は「言はむや」で、漢文訓読で生じた語。〝言うに及ばんや〟すなわち「言うに及ばず」「言うまでもなく」の意味である。本来は「いわんや……においてをや」の形で用いる。「善人なおもて往生す。いわんや悪人においてをや」「大人でさえもむずかしい。いわんや幼児においてをや」など。

また、口語的に「まして」と同様に用いることもできる。「いわんや（＝まして）君は日本の代表選手。規律正しくフェアな態度で試合に臨むべきだ」「いわんや（＝まして）相手は外国人。言葉も十分通じない」「嘘をつくことだってできないのに、いわんや（＝まして）そんな悪どいこと、するはずがないじゃないか」

関連語

なおさら　一層

ある状況に他の状況が加わることにより、その状態の程度がより高くなることを表す。〝程度がそのうえに、さらに加わることになる〟ということは、結果的に二つの状況を対比して〝後者のほうが当然より著しい状態だ〟ということになる。さらに〝だから当然……すべきだ〟の気持ちにまで発展し、「まして／いわんや」の意味に近づく。

「練習のときでさえできないのに、本番とあっては、なおさらむずかしい」「気持ちだけで十分なのに、お礼に一席設けられちゃ、なおさら困る」「この絵を額に入れて飾ったら、なおさら立派に見えるのだが」「無事卒業してくれただけでもうれしいのに、その上、大学入試にまで受かってくれて、なおさらうれしい」「ただでさえ成績が悪いのに、授業をサボったりしたらなおさらだ」「就職で世話になったのなら、なおさらのことだ。お宅へ伺ってよくお礼を言ってらっしゃい」

「まして／いわんや」は、A・Bが異なる二つの状況において、〝Aが……だから、Bはもちろん〟の意味で、「ましてBは……」「いわんやBにおいては……」とBに係る。「なおさら」は〝AだけでなくBなのだから、なおさら……だ〟と述語に係る。「……だから、なおさらだ」とそれ自体が述語になることもある。「まして／いわんや」は、Aを前提としてBを引き出す役割を果たすのに対し、「なおさら」はA・Bの状態を比較して、Bの状態を「より以上」と形容する状態形容の語となる。だから、特にA・Bを設定しなくてもかまわない。

「いい洋服を身につけると、なおさらすばらしくなる」は、「まして／いわんや」では言い換えられない。この「なおさら」の意味は、「よりいっそう」「いっそう」「ますます」とほぼ等しい。ただし、「そんなことをされちゃ、なおさら困る」のように〝ある状況に、さらに他の新たな状況が加わったことによって、よりいっそう、ますます〟の意味である。「なおさら」は、新たな状況の累加を必要条件としている。

「土《ど》用波《ようなみ》はいっそう高い」「学課が進むと、いっそうむずかしくなる」「この小説のほうがよりいっそう面白い」「あの絵よりこの絵のほうが、いっそうよい」等は「なおさら」に置き換えることができない。

「この絵は悪くないけれど、背景を灰色に変えたらなおさらよくなる」のように、新たな状況を加えなければ「なおさら」は使えない。

ます〔増す〕自動詞　他動詞

全体的に量が多くなること。「水が増す／水を増す」のように、自他同形の動詞である。

分析1 「増す」には「川の水が増す」のような〝量の増大〟から「スピードが増す」のような〝程度の増加〟まであるが、「増す」の表す程度性は、〝その主体が内蔵し、身に帯びている事柄を量的にはかる〟という観念があり、量としての増減が表す程度である。「人気、実力、速力、濃度、体重、美観、教養……が増す／を増す」

川の水が増えることとは、水位が上がることであり、水位の上昇は程度概念としてとらえられる。「川の水が増す／水位が増す」同じ事実を、量観念と程度観念の両面からとらえているわけである。

量や程度観念を伴わない事例、たとえば「悲しさ」などは、「悲しさを増す」と述べることは表現としてぴったりしない。「悲しみを増す」なら自然な表現だが、これは「深い悲しみに沈む」のように感情の程度性を問題とする語だからである。

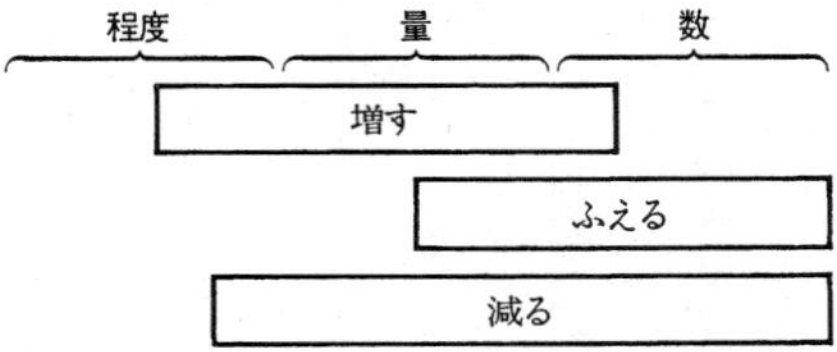

分析2　「増す」は「減る／減らす」と自他の対義関係を持つが、「減る／減らす」は、「口数が減る」「会員が減る」「財産が減る」「最近は昆虫がめっきり減った」「食事の量を減らす」「得票数が減った」のように、むしろ「ふえる／ふやす」と対応する数量観念を表す語である。「減る／減らす」は「腹が減る」のように、減った状態にある場所を主語とした表現も成り立つ。「増す／ふえる」には、この用法がない。

「増す」は、「川の水が増す」「実力が増す」のように、そのもの自体の量や程度が結果として増大したという気持ち。「兵力を増す」「人員を増す」「人手を増す」など、他から投入した結果、増大する場合もあるが、投入意識よりはそのものが増大したという結果に焦点が置かれる。「列車が速力を増す」なども「速力を加える／速力が加わる」とも言えるが、「加える／加わる」には「彼も仲間に加わる」「力を加える」「実力に自信が加わって、すっかり横綱らしくなった」のように、異種のものが他から与えられる投入意識や追加意識が伴う。

ふえる　ふやす

関連語

「ふえる／ふやす」（増える／殖える）も〝増大・増加〟を表すが、数量意識が強い。「最近は車の数がふえたので、どこの駐車場もいっぱいだ」「電車が込むのは沿線の人口がふえすぎたせいだ」「種がこぼれてどんどんふえる」「年金をふやす方向にある」「生めよふやせよ」など、「減る／減らす」と対応して〝物の数が加わり多くなる〟〝さらに加えて多くする〟意識である。

「収入がふえる」「予算がふえる」「人口がふえる」「川の水がふえる」などは、量観念の強い「増す」と置き換えのきく例であるが、「空気の汚れが増す」「汚染度が増す」「熟してきて、だいぶ甘みが増した」「実力が増す」「人気がぐんと増した」「スピードを増す」など、程度観念の強い「増す」は「ふえる」では表せない。「実力がふえた」などは変な日本語である。

「あちこちで買い物をしたので、だんだん荷物がふえちゃった」

「ふえる」は具体的に数量が一つ、二つ、三つ……と増加していく意識が強い。「鼠がふえるように、級数的に数が増す」などは「鼠が増す」ではおかしい。〝繁殖〟意識は具体的な個々の増加意識である。「定員をふやす／定員を増す」のように、全体量を問題とする場合なら「増す」への言い換えも可能である。

まるで　副詞

「まる」は〝欠けたところがなく全部〟の意味を表す。ここから「まる・で」は、そっくり全部がある状態を呈するさまを言う。①比況「……よう」と呼応する言い方と、②打消「……ない」と呼応する言い方とがある。

分析　①「AはまるでBのようだ」は、事物AがBとそっくり同じであるようすを言っている。「まるで雪のようだ」「まるで子供みたいな人」「まるで死んでいるようだ」など。

　全体の姿形や、性質・状況その他の有様がきわめて類似しているさまを言う。状態形容として用いられる。

②「まるで……ない」は「まるきり」と同じ意味で用いられ、百パーセントすべてだめである状態を表す。「完全に」の意味に近い。「まるで分からない」「まるで知らなかった」「水泳はまるでだめだ」「英語はまるで話せない」「本人と写真がまるで違う」⇩さっぱり（一〇二頁）

関連語　**いかにも**

「まるで」①が、「まるで……のようだ」の形で、事実はそうではないが、きわめてそれに似ている状態を言うのに対し、「いかにも」は、様子・態度・行動などがまことにそれらしい、そのものの特徴・個性をよく示している状態であることをいう。

「いかにもうまそうに食う」「いかにも物欲しげなようす」「いかにも金持ちらしい身なり」「いかにも哀れな姿」「いかにも悲しげな顔」「いかにも彼のやりそうなことだ」

「いかにも病院らしい建物／まるで病院のような建物」「いかにも」は病院の特徴をよく表した本当の病院の建物。「まるで」は、実は他の建物なのだが、外観は病院かと見まがうような病院的な建物である。

「いかにも」は形容詞・形容動詞、ならびにそれに準ずる語（名詞）に係って、全体として連体修飾語か連用修飾語となることが多い。「いかにも……そうな……／いかにも……らしい……／いかにも……ような……／いかにも……だ」形式が圧倒的に多い。

なお「して」を伴って「いかにもして」の形で〝なんとでもして〟〝どのようにでもして〟の強い願望・決意を表す用法もあるが、これは「いか・に・も」の複合意識が残っている。

関連語　さも
「いかにも」は真にそのものの感じが外面に現れていることの強調であり、「さも」は真実らしくみせかける意志的な行為で、外面の視覚的状況にのみ用いる。

「さもうまそうに食ってみせる」「さも残念そうなようす」など。

意志的な態度・行為・行動以外には用いられない。

みな〔皆〕名詞

対象を一つの全体と考えたとき、〝残る部分がなく完全に〟の意を表す。口頭語として「みんな」の形も使われる。

分析1 文型的には、⑴格助詞を伴う「皆が／皆の／皆に／皆を／皆と／皆から／皆より／皆で」の形と、⑵副詞的に「皆……だ／皆……する」と直接修飾語に立つ場合、および、⑶「皆だ」の述語となる場合とがある。

格助詞を伴う⑴の場合は、人の総和を表し、ふつう物や事を表さない。〝全員〟に相当する。ただし、「皆で」は、「三人で……する／全員で……する／皆で……する」と共同動作の主体を表す「で」の場合には〝人〟を表し、「三個で百円だ／全部で五十本だ／皆で……だ」のような数量の総和の「で」の場合には〝事物〟を表す。

「皆で話し合う」……人、「皆で三万円だ」……物

「余震も合わせると皆で二十回は揺れたでしょう」……事

副詞的用法、述語となる用法は、人にも事物にも使える。

(1)「皆が私の意見に賛成してくれた」「どこへ行くかは皆の意見によって決める」「至急皆に知らせてください」「皆を敵に回す」「急行で行ったら皆より一時間も早く着いた」「皆と相談する」「弁当は皆に渡りましたか」「参加賞を皆に配る」

事物を指す場合、たとえば荷札をすべての荷物に付けるような場合には「荷札を全部に付けてください」と「全部」などを用いるほうが適当。「荷札をみんなに付けてくださ い」は不自然である。

(2)「さすが予選を通っただけあって皆美人だ」「一組の生徒は皆、改正案に反対した」「皆帰ってしまいました」「試験が近づいて皆、目の色を変えて勉強している」「証城寺《しょうじょうじ》の庭は、ツ、ツ、月夜だ、皆出て来い来い来い」(「証城寺の狸囃子《たぬきばやし》」)、「特売品は皆あっというまに売り切れてしまった」「あれもこれも皆、手に取ってみた」「発進する飛行機は皆撃墜されてしまう」「佳作ばかりなので、できることなら皆入選させてやりたい」(＝どれもこれも)、「どの意見も皆、規則改正には反対なようだ」

(3)「他人に責任をなすりつけてはいけない。悪いのは皆です」(＝全員)、「遺留品はこれで皆です」(＝全部)

分析2 「皆」は話題とする対象を一つの全体的なものとしてとらえ、それが欠けたところがなく全部の意。古くは人を対象として〝居合わせた人が、一人二人の例外なく全員〟の意を表すことが多かったが、事物にも用いられ、〝あるものはどれもこれも全部〟の意も表す。欠けたところや例外のない状態は〝完全に〟の意に通じ、古くは「長き夜の遠の眠りのみな目覚め波乗り舟の音のよきかな」のように〝すっかり〟の意にも用いられたが、現代では廃れた。

関連語 すべて

「すべて」も〝全部〟の意で用いられる。「すべての人を平等に扱う」「すべてが順調に運んだ」「すべてにわたって事細かに説明する」「彼はすべてに通じている」「一夜にして財産のすべてを失う」のような(1)格助詞を伴う例。「すべて私の責任だ」「遅刻はすべて欠席扱いとする」「難問はすべて片付いた」「せっかくの苦労もすべて水泡に帰した」「なす事する事、すべて裏目に出る」「すべてこの世は色と金」のような(2)副詞的用法。「自白だけが証拠のすべてではない」「これですべてだ」と(3)述語になる例、その他「日本語のすべて」など、用法は多い。⇩すっかり（一三三頁）

格助詞を伴う(1)の例も「皆」と違って〝人〟を表さない。「すべて」が人を指すためには、「すべての人」のように言わなければならない。（その点「皆」は「皆の人」とことさら言う必要はない。ただし「皆の者」の言い方はある。）「彼等はすべて（／一部）賛成した」と、文脈が〝人〟も表す場合には、〝人〟を指すとも、〝すべての事項〟を指すとも、二様の解釈が成り立つ。人なら「彼等は皆賛成した」、事項なら「彼等はすべてに賛成した」のように言い分けたほうが誤解が生じない。「皆」は〝人〟も表すが、「すべて」は〝全部〟の意で、人を意味しない。

「クラス会はみんな欠席だ」……〝全員欠席／どのクラス会も欠席〟

「クラス会はすべて欠席だ」……〝どのクラス会も〟

「すべて」はもと「統べて」で、〝個々の事物をまとめ総括して〟の意。ばらばらであった部分部分のまとまりという意識が強い。一つの全体ではなく、個々の総体である。「あんな大きなリンゴを一人でみんな食べちゃったのかい」のような一つの全体（個）に対しては「すべて」は使えない。「一人ですべて食べた」と言えば、幾つかのリンゴ（もしくは幾切れかのリンゴ）を一人で食べたことになる。（「すべて」は三以上の数をさすのが普通）

「皆」は対象を一つの全一体と考え、〝その全体の端から端まで百パーセント〟の意。

「蛇が大きな蛙《かえる》を一度にみんな呑み込んでしまった」

〝部分に分けずに、全体を一挙に〟である。「すべて呑み込んでしまった」とすると、〝どの蛙も例外なく呑み込んで食べた〟の意で、複数の総和となる。「皆」が個々の集合体である場合も、全体を一つのまとまりとして考える。

「受講希望者が定員をこえ、すべてが受講できない場合は……」

「すべて」を用いると、受講希望者の集合を考え、その一部に受講のできぬ者が生ずるのである。一方、「皆が受講できない場合は……」とすると、全員受講できないのである。「皆」は全体を単一のものとして扱っている。

「すべて」は部分の総合観念、「皆」はそこに集まったものの全体を一つのものとしてとらえている。(存在するもの全部ではない。たまたま集まったものの全体。)そのため「日本歴史のすべて」「捕った鯨はすべて利用します」などは、〝歴史のどの部分もあまねく〟〝頭から尻尾の先まで余すところなく〟同じ対象の各部分をあまねく尽くす気持ちが強い。「捕った鯨はみんな利用します」では〝どの鯨も、捕った鯨は利用の対象とする〟で、別個の個体を一つの対象として一括扱いする気持ちが強い。

「すべて」には「英語の授業中は、日本語はすべて使ってはならない」のような〝いっさい〟の意を表す例も見られる。もちろん「皆」には、この用法はない。

関連語　**ことごとく**

存在する多くの事物や動作・作用がどれもこれも残らずある状態であること、ある状態となること。根底に〝すべてを尽くす〟の意がある。

「目に映るものことごとく珍しくないものはない」

のように形容詞で受ける状態性もあるが、多くは、

「野も山もことごとく春の色彩に塗りかえられた」「することなすこと、ことごとくうま

くいかない」「財産をことごとく失った」「石油ショックで石鹸もトイレットペーパーもことごとく店頭から姿を消した」「彼の言うことはことごとくしゃくにさわる」「何度やってもことごとくし失敗」のように動詞の表す動作・作用を修飾する副詞的用法となる。「ことごとくの財産を失った」よりは「財産をことごとく失った」あるいは「財産のことごとくを失った」とするほうがより日本語的である。実際には「財産のことごとくが灰燼《かいじん》に帰した」と「が」を伴って主語となる例や、「この件に関しては、ことごとくの人が反対の意思を表明した」のように「の」を伴って連体修飾語となる例も見られる。

「手に入る文献にはことごとく目を通した」「おれに盾つく奴はことごとくやっつけてやる」

に見られるように、そこに存在する対象全部である。

「集めた文献のうち一点は終わりまでみんな読んだ」のような、一部を問題とする例は「ことごとく」ではぴったりしない。「ことごとく」には「クラス会の出席者はみんなで三十人だ」のような「で」を伴った言い方はない。

関連語 **あらゆる**

「あらゆる汚い手を使って、いやがらせをしてくる」「あらゆる手を尽くしたが、彼の命を救うことはできなかった」「論文審査はあらゆる点から厳しくチェックされる」「世界のあらゆる国々から参加の申し込みが殺到した」「アラユルコトヲ、ジブンヲカンジョウニ入レズニ、ヨクミキキシワカリ、ソシテワスレズ……」（宮沢賢治『雨ニモマケズ』）

「あらゆる」は名詞に直接係る用法しか持たない連体詞である。ところで「皆」が名詞に係るときは「皆の」と助詞を伴って〝人〟しか表さないし、「ことごとく」は「の」を伴う用例が僅かしかないから、用法上は「すべての」としか「あらゆる」は重ならない。

「あらゆる」は動詞「あり」に古代の自発の助動詞「ゆ」の付いた連体形が固定したものである。〝この世にあるかぎりの事物がおのずと全部集まった状態〟なのである。したがって、初めからある範囲を決めて、その中に存在するものを漏れなく全部と考える「すべて」とは発想が異なる。「あらゆる」は、無限に広がる可能性の中から可能なかぎりたくさん集めた全体である。「あらゆる」には範囲はない。もし見落としや漏れがあれば、それらも加えられる。「あらゆることに関心を持つ」この世のありとあらゆることに対してである。「すべてのことに関心を持つ」では「スポーツに関係のあるすべてのことに関心を持つ」「スポーツのすべてに関心を持つ」と言えるように、ある範囲（スポーツ分野）を限ったうえでの〝いっさい〟ということになってしまう。したがって、最初から範囲を限定する次の例では、「あらゆる」を使うと不自然になる。

「対象を学業成績、素行、クラブ活動、各委員会活動に分けて、これら四つのすべての面から公平に判断した結果を内申として報告する」「来店されたすべてのお客様に粗品をさし上げます」「十日を締め切り期限として、すべての応募者の中から抽選で千名様に、賞品として××をお贈り致します」「専門的な研究を目指すすべての人に門戸を開放する」「会場のすべての人が惜しみない拍手を送った」

－むき〔向き〕接尾語（名詞的）

名詞に付いてそのほうの者に適しているように作られていることを表す。

分析「女性向きのワイン」といったとき、そのワインが女性一般の嗜好《しこう》に合わせて造られていることである。その種の人間に適するように合わせて造った物であるから、人為的なもの、人工のものである。「外国人向きに造った庭」も、物品ではないが人工のものにはちがいない。自然現象などは人為でないから「日本人向きの気候」などとはいわない。「日本人に合った～」と言うべきである。特定の個人「このお料理、あなた向きの味付けよ」のような例もあるが、多くは、その種の人々一般を対象にしたものである。

(1)人間をさす語に付いた場合

「お子様向きのランチ」「子供向きの部屋」「老人向きの趣向」「病人向きの食事」「外国人向きの別荘」「日本人向きの味付け」「専門家向きの辞書」「玄人向きの渋い芸」「初心者向きのコース」「女性向きのぶどう酒」「若者向きのコート」

その他「若向きのセーター」「このセーターは若向きだ」「新婚向きの家具」のように、状態でもってその種の人間を間接に示す言い方もある。
(2)季節などの語に付いた場合
「夏向きの上着」「この布地は冬向きの柄《がら》だ」
(3)行動を表す名詞に付いた場合
「外出向きのバッグ」「登山向きにできている靴」「旅行向きのスーツケース」
これらは「外出者向きの……／登山者向きの……」と言うべきところの省略とも考えられる。(2)も(3)も、〝その季節や行動の中にある人間に適するよう造った物〟で、「むき」は人間中心のとらえ方をしている。

関連語　－ごのみ

「老人好みの芝居」のように「向き」とほぼ同じ意に用いられる。「好み」は、好きだと感じて賞でるような状態のものであるから、趣味や嗜好的なものに限られる。「向き」は、その対象者の特質に合わせて造られた物（もしくはその季節や行動に適するように造られたもの）であるから、必ずしも趣味嗜好とは限らない。「専門家向きの辞書」は、専門家の知識・学問・研究水準などに合わせて作られた、レベルの高い詳しい辞書であるが、「専門家好みの辞書」となると、版の型や、造本の体裁や、装丁や、活字の形や、背表紙の文字や、紙質や、レイアウトや、その他種々のあんばいが、玄人好きのするような趣味的で凝った辞書を考える。「向き」は最初からその目的で造られた物だが、「好み」は必ずしもそうではない。「これは玄人好みのデザインだ」〝玄人受けのするような〟で、結果から評価する場合も多い。

関連語 ‐用

「子供向きの部屋／子供用の部屋」

「向き」が〝その方面の人々に向いている性質の〟であったのに対し、「用」は〝その方面の人々が使用するための〟である。

「子供向きの部屋」は、子供たちが喜びそうな、子供の生活や好みに合わせて設計され、インテリアも子供部屋らしくなされている部屋であるが、「子供用の部屋」は特にそのような特徴を備えていなくてもいい。ある部屋をたまたま子供のために割り当てれば「子供用」となる。同じふとんでも、「こっちのほうがきれいだから客用にしまっておきましょう」と言える。「用」には、(1)その方面の使用に当てがったために「〜用」となる場合と、(2)最初からその使用目的で造られている物とがある。

「高電圧用のプラグ」「ラーメン用のどんぶり」「犯人逮捕用の手配写真」「猛獣用の檻」などは(2)の例である。

「用」は、(ア) 使用者を表す名詞に付くほか、(イ) 使用場所や、(ウ) 使用目的・使用行為などを表す名詞にも付き、また、(エ) それを使用するある特殊な時や状況を表す名詞にも付く。

(ア)「婦人用服地大廉売」「学生用の机と先生用の椅子」「男性用のトイレ」「児童用のランドセル」「これは一年二組用の試験問題です」「病人用のベッド」「来客用の食器」「乳児用の椅子」

(イ)「客間用の紫檀《したん》の机」「トイレ用のスリッパ」「日本間用の掛軸」

(ウ)「営業用のミシン」「すき焼き用の牛肉」「日本そば用のつゆ」「ステレオ用のサファイア針」「潜水用の服」「燃料用のアルコール」「輸出用の車両」「愛玩用の犬」「外出用の服」「登山用の靴」「事務用の机」「輸血用の血液」「救急用の薬」「天体観測用の望遠鏡」

(エ)「正月用の箸」「非常時用の食糧」「非常用のベル」

〝用途〟ゆえ、「向き」と違って、「短波用のアンテナ」のように、人間以外の事物にも用いられる。ただし、「用」という以上、その背後にそれを利用する人間があるわけで、全くの自然現象などには使えない。「水」自体は自然物であっても「灌漑《かんがい》用の水」「発電用の水」「水道用の水」……と「用」を使うことによって〝人間によって利用されるための〟意義と価値とを帯びるのである。

関連語　ーもの

「子供物」「婦人物」のように、そのものが使用するために、他と違ったサイズや、色や柄《がら》、デザインなどになっている品物を表す。「向き」は〝どちらかと言えば、その種の人々の好みに合っている〟物であり、「用」は〝それが使用するため〟の意であるが、「物」は〝それが使用するように他とは姿形を変えて出来上がっている品物〟である。だから「ご婦人向きのワイン」は男性が飲んでもいっこうにさしつかえないし、「婦人用のサンダル」を男性が履いたら、まちがえたと思われる程度ですむが、「婦人物の着物」を男性が着たら、女装の男性か性格異常者と見られてしまう。「夏物大セール」「店内は冬物に入れ替わった」「冬物一掃大特売」のように、季節などの語に付くほか、漢語に似て「洗濯物、仕立物、傷物、吊《つる》し物、……」と和語の造語成分として種々の語に複合する。

むしろ　〔寧ろ〕副詞

ほぼ同じ程度の状況にあるA・B二つの事物・事態のうち、どちらかといえばAよりB（あるいはBよりA）のほうが、この場合、より適切であるという判断をする時に用いる。A・Bがプラスとマイナスの関係のように、極度に異なる程度や状況にある場合には、使うことはできない。「七月よりむしろ一月のほうが寒い」とは言えない。

分析「むしろ」には二つの発想がある。

1 Aを否定し、Bを適切なものとして選び取る。Aを退ける点では「かえって」の用法と共通する。

「この悪天候では、進むよりもむしろとどまるべきだ」「あんな辱めを受けるくらいなら、むしろ死んでしまったほうがよっぽどましだ」

2 AよりはBのほうがより適切であるとして、Bを選び取る。この場合はAを否定してはいないので、「かえって」に言い換えることはできない。

「君の意見も一応はもっともだが、僕の考えのほうがむしろ現状に合うのじゃないかな」「ベートーベンよりはむしろショパンが好きだ」

1 2とも「むしろ」によって結ばれる先行句（前件A）、後続句（後件B）の関係では、さして違いはなく、AよりはBを選ぶという点で共通している。言ってみれば、A・B関係は前件・後件の内容で、理解がつくので、ことさら「むしろ」を使わなくても文意は通じる。

「天才というよりは（むしろ）狂人だ」

関連語 **かえって**

「四月になってからのほうがむしろ寒い／かえって寒い」

比較される事柄は文面には表れていないが、当然「三月の時よりむしろ寒い」ということである。「三月」(A)、「四月」(B)を寒さの面から考えた場合、「むしろ」は〝どちらかと言えば、AよりはBのほうだ〟という消極的見解を示す。これが「むしろ」の発想で、二者択一の関係といえるが、A・B・C・D・E……と多数ある中から複数を選ぶ場合にも用いられる。

「日本の代表的な食べ物といえば、天ぷら、すき焼き、うなぎの蒲焼《かばやき》、冷奴《ひややっこ》と、いろいろあるけれど、私の好みとしては、それらよりはむしろ刺身と味噌汁を挙げたい」

「四月になってからのほうがかえって寒い」は、〝四月になれば暖かくなるはずだったのに、その予想を裏切って、逆に気温が低下した〟という積極的断定になる。「むしろ」は「三月よりむしろ」と比較している気分であるが、「かえって」は「暖かくなるはずなのにかえって」と、反対の結果になってしまったという気持ちである。

反対結果が現れるということは、極端な場合にはマイナスの事物がプラスとなることもある。

「あの劣等生のAが、優等生のBよりも、かえっていい成績を収めたのだから驚きだ」など。

それに対し、「むしろ」は同程度のもの同士の比較となる。

「田中よりはむしろ加藤のほうが実力があるんじゃないか」

むずかしい〔難しい〕形容詞

その事柄を解決または実現へと持っていくことができにくい状態。能力的に、または周囲の条件から見て困難さの度合いが基準を上回る状態。⇩やさしい（二五九頁）

分析1 「難しい／易しい」と認定される事柄は、抽象的な事柄に限られる。

1難易さを有する主体「問題、試験、文章、記号、技術、方法」など。

右の事柄を構成要素とする事物全体が主体となることもある。「源氏物語の文章は難しい」を「源氏物語は難しい」という類。

2実現に難易がある行為。「……することは／……するのは」の形をとって、「胃の手術を成功させることは難しい」「地区大会で優勝するのは難しい」

これも、さらに上位の事柄が主体となって、「手術は難しい」「全日本（で優勝するの）は難しい」と言える。「成功、優勝、解決、合格、判断、選択、理解、手続き、計算、治療、手術……」などが、直接「難しい／易しい」に係る語である。

分析2 「難しい」は、解決や実現へと持っていくことが滑らかにいかない状態である。抵抗があり、複雑で、知識や技術、根気や努力・運などがなければ解決・実現が不可能な状況にあること。

むずかしい……病気、人間関係、政治情勢、事態など、現状打開がはかばかしくいかない状態も「難しい」で表現される。対義語「易しい」にはこの用法がなく、「やさしい病気」などとは言わない。

関連語 **困難**

「困難」は、特に解決や実現への運びを前提としない。その行為に携わることが苦しく難儀なこと。したがって、「困難な生活」「困難を乗り越える」「困難にうち勝つ」「どんな困難にも負けない」などは、「難しい」に置き換えることができない。逆に、「難しく考えてはいけない」のような、考える行為が難しいのではなく、〝解決法を難しいと考える〟連用修飾法や、理解・習得が困難な「難しい表現」「難しい学問」などは「困難」に置き換えられない。

めったに〔滅多に〕副詞

「めった」は道理や思慮分別をなくした状態。めちゃくちゃな状態。そこから〝むやみやたらに〟の意味が生まれ、さらに打ち消しを伴って〝むやみやたらには……ない〟つまり〝ほとんどない〟まれな状態を表すようになった。連体形「めったな」の形で形容動詞として用いられ、「めったに」の連用形が〝ほとんど〟の意味に固定して、副詞として働くようになった。

分析　「めった突き」「めった切り」などの語があるように、冷静に判断して分別をもって事を処理せず、ただ闇くもに道理も何も考えずに行うさまが「めった」である。やみくもに、ただひたすら邁進《まいしん》するのは「滅多やたらに」事を行うことであり、事柄に対して用いれば「滅多やたらな事」である。すなわち〝道理や分別を踏みはずしたいい加減で無責任なこと〟である。

「滅多やたらに買いまくる」「滅多やたらな事を言ってはいけない」

「やたら」の取れた「めった」も連体形「戦時中は滅多なことは言えなかった」「彼ぐらいの大物になると、滅多なことでは驚かない」「その道の大家ともなると、滅多なまねはできない」

のように用いられ、〝状況をわきまえない無茶な行い〟という意味を表す。これがさらに、連用形として用言に係ると、意味が抽象化して、〝そうやたらには……ない〟から〝まれにしか……ない〟の意へと移り、行為や状況の生ずる確率のいたって低いことを意味するようになる。

「昔は肉など滅多に口にしなかったものだ」「皆既日食など滅多にないことだから、じゅうぶん観察することとしよう」「滅多にお目にかかれない珍獣」「この地方の山々は年中雲が掛かっていて、山頂を現すことなど滅多にない」「外食など滅多にしない」と言えば、することの方がまれなのである。「印刷のずれた一万円札などそう滅多にあるものではない」「滅多にない珍現象」その事物に接することがほとんど不可能に近いほどの低い確率でしか現れない場合である。⇩ほとんど（二二二頁）、すこし（二一九頁）、たまに（一五二頁）

関連語　むやみに

「むやみ」も「むやみな事」「むやみに……する」「むやみやたら」と種々の形が現れる点、共通している。前後を考えず軽はずみに事を行うさまにいう。

「むやみなことを言ってはならぬ」「むやみに人と物を取りかえっこするんじゃないよ」「むやみに人間を信用してはいけない」「むやみやたらな事を言うと、後で皆が迷惑する」「むやみやたらに賞めちぎる」

これが進んで〝度を越してひどく〟の意味に発展する。

「むやみに造りすぎるから在庫が増えるんだ」「今日はむやみに暑いね」

「めったに」が度の低さを表すのに対し、「むやみ」は度の高さを表す。「めったに」には頻度意識が伴うが、「むやみ」にはそれがない。ただの程度意識だけである。程度が極端に高まりすぎることをマイナス状態として受け止めている。

関連語　やたらに

「めったやたら／むやみやたら」と、どちらの語にも付く。根拠や理由・目的などのない、いい加減なことをいう。「やたらな事」「やたらに……する」「やたらと……する」と連体・連用さまざまの形が現れる。

「やたらな事は言わぬ方が身のためだ」「この社会では、やたらな事は口に出せない」「謹慎中の身、やたらに外出などせぬように」「夜は物騒だから、やたらに出歩かぬ方がいい」「会議室にはやたらと出入りせぬよう」「虫がやたらに飛び交う」「今日はやたらとのどが渇く」

〝度を越すことは通常ではない、筋の通らぬことである〟との意識がある。「みだりに……しない／するな／してはいけない」と共通するところがある。度を越した行為や状態が〝みだりがわしいこと〟であって、異常性が強調される。マイナス状態である。

もっとも〔最も〕副詞

形容詞、形容動詞、ある種の動詞や名詞に係って、事物・事態の程度が他の複数対象の中で、他に比して度が大きい場合に用いる。動詞が続く場合「最も適している」「最も慣れた仕事」「最も進んだ技術」「最も好むところ」のように、「〜ている／〜た名詞／〜名詞」の状態化された表現となることが多く、「彼が最も働いた」などの言い方は例が少ない。名詞は「最も……西、左、下、多数」「最も極端にはしる」のように程度や状態を表す語に限られる。

分析1　「最も」と言う以上、他との比較を前提とする。それも二者択一の場合は「月曜より火曜のほうが忙しい」のように普通の比較表現を用い、「火曜のほうが最も忙しい」とは言わない。「月・火・水の中では火曜が最も忙しい」のように三以上の数の場合である。

「トリトンは直径四千キロの堂々たる衛星で、わが地球と月の衛星体系をのぞくと、主星

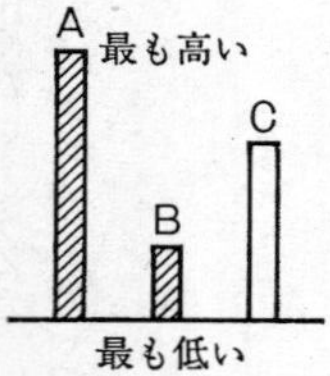

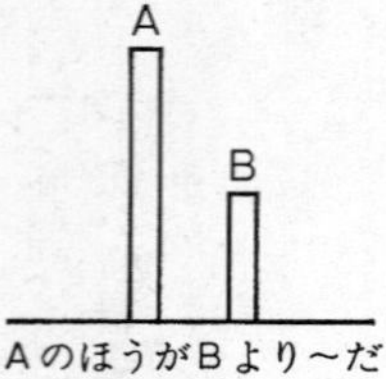

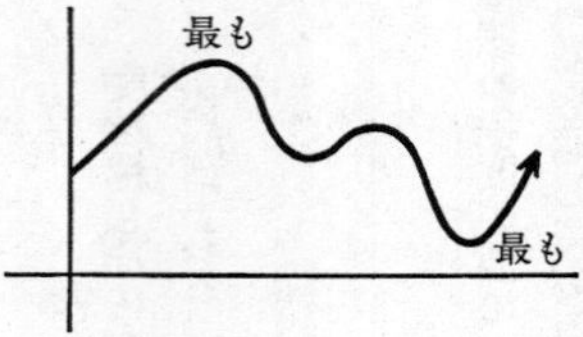

に対する割合がもっとも大きな衛星となる」

比較の対象は二、三、四……と数えられる異なるもの同士とは限らない。

「戦後の数年間がこの作家の最も充実した時期であった」「試験運転で最もスピードが出たのは木曽川鉄橋通過時である」「病人は最も危険な時期を脱した」「上野・長野間で最も勾配の急な区間」

連続した流れの中で状態の程度が極大もしくは極小となる場合で、（点とは限らない。ある範囲を持つ線の場合もある）比較の対象はそこを除く他の部分すべてを考えている。このように「最も」には、(1)他の事物との比較の場合と、(2)それ自体の変化の場合とが見られる。

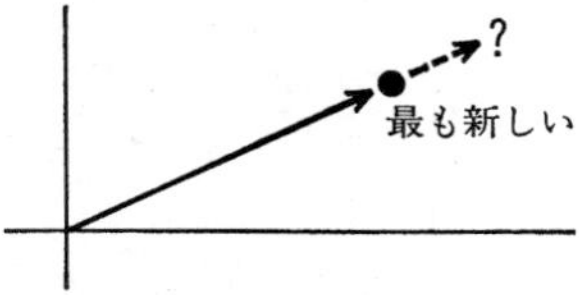

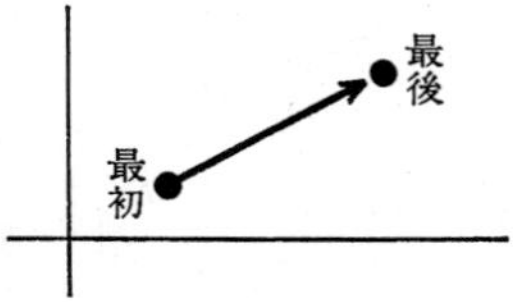

分析2　「最も」は〝その条件を満たすことのできる事項・事態がある中で、とりわけ〟であり、その条件候補が初めから一つしかない場合には使えない。「自分に最も適した職業を選ぶべきだ」という場合、話し手の意識には〝とにかく適した職業が幾つかある〟ということを前提として〝その中でも〟と考えている。「それは私の最も好むところだ」も、好む面や事柄が幾つ

もあるからこそ言えるのである。「彼女だけが私の最も愛する女性だ」などとは言えない。
⇩とりわけ（一八三頁）

ところで、漢語にも「最大、最小、最高、最低、最深、最長（記録）、最短……」と「もっとも＋形容詞」で置き換えの可能な例が見られる。その多くは、「C62は我が国最大の蒸気機関車だった」（＝多くのSLの中で最も大きい）のような〃他の機種と比較の上で最大の〃という(1)〃比較における「最も」〃（＝それらの中でとりわけ）であるが、中には、「最新流行の髪型」（＝最も新しく流行している）、「最新のニュース」のような、他の髪型やニュースとの比較であるというよりも、時の延長線の最先端を指す、(3)〃変化する状態の中でその先端・極限の状態〃を意味する場合もある。刻々に変動していく状態であるから、時が経てば、最も新しいものも「最も」ではなくなる。「最も」には、このようなプラス・マイナス両方向に無限に延びていく直線状態での先端の変動極点を指す場合もあるのである。これが「最初、最後、最終」のような「最も＋名詞」的意味の語では、その変動は止まり、限界をもった線分状態の両端部分を指すことになるため、「最も」で表すことがむずかしい。「最初に校長先生の訓辞」を「最も初めに……」とか「最も終わりの……」ということにはかなりの無理がある。この点が「いちばん」と異なるところである。

「最も右の建物」「最も東の国」のような名詞に係る連体詞的用法は、(1)比較の用例であり、他にも右寄り、東寄りのものが存在するから言えることなのである。「最初の試練」「最終の列車」は、「初め」や「終わり」が一つしか存在しない点（開始点／終了点）だから「最も」を使うと不自然になる。

関連語 いちばん

「いちばん」が副詞的に使われた場合、「最も」と意味・用法上重なってくる。「いちばん」は「一番」で、本来は順序を持ったものの最初をいう。それが序列をなす場合、もしくは程度の大小に応じて序列をつけた場合の（大または小の側から見た）最初を指すようになる。「いちばん」は名詞ゆえ、

「風邪にはなんといっても休養がいちばんだ」「今冬いちばんの寒さ」のように、述語や、「の」を伴って連体修飾句ともなる。このような用法は「最も」には見られない。

「いちばん速い乗り物」「いちばん元気な時期」「いちばん便利だ」「いちばん効く薬」「いちばん優れた作品」

のような連用修飾語か、「いちばん南の校舎」「いちばん先」のような、それ自体で連体修飾語となる用例は、「最も」と置き換えられる場合が多い。「一番」は順序・序列の起点を指す語であるから、「最も」で表しにくい開始点や終了点にも使える。

「いちばん初めに国歌を斉唱する」「五ページのいちばん終わりの文字が読めない」「東京

タワーのいちばんてっぺん」

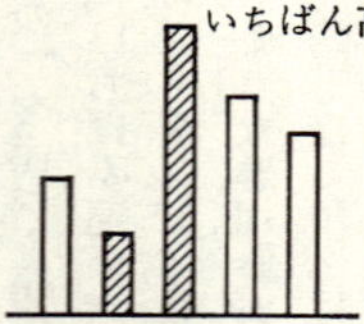

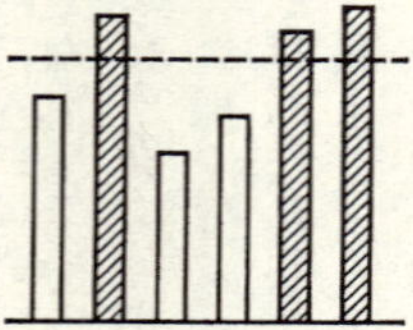

副詞的に用いられた場合も、程度の大小によって序列をつけた場合のトップを指す気持ちが強い。そのため、程度の特に大きいほうの事物の集団を指す場合、「今世紀の最も優れた科学者の一人に数えられる」「スイスでも最も美しい町の一つ」「那珂氏と並んで明治の最もすぐれた古代史家吉田東伍は……」のような例は「いちばん」ではぴったりしない。「最も」は〝それを超えるものがない〟〝他よりも優れている〟〝他よりも程度が著しい〟〝最たるもの〟の意で、他と比べての程度の大きさの強調。「いちばん」は、序列のトップ、程度の場合は、その第一位に当たるという判断である。だから、「最新のニュース」の中でも特に新しさの第一位を占めるものを「いちばん最近のニュース」と言えるわけである。しかし、「最新のニュース」そのものとなると、「最」に「いちばん」の意が含まれるから、「いちばん最新のニュース」では二重表現となってしまう。「いちばん最初に自己紹介をしていただきます」「僕はいちばん最後に歌うよ」などは、最初や最後が何回もあるようでおかしい。

なお、「最も」は文章語的、「いちばん」は口頭語的である。

もろい〔脆い〕形容詞

他からの物理的力に対して現状を保ちつづけるだけの抵抗力に乏しいこと。持ちこたえるだけの耐久力に欠ける状態。

分析1 現状の性質から二つに分けて考える。

①ガラス、瀬戸物など、固い物質であるが、外力に対して細かく割れたり、崩れ砕けたり、欠けたりしやすい性質のもの。「鋳物は鉄鋼と違ってもろい」「刀の刃はもろいから、すぐ欠ける」木材、板などが簡単に折れたり割れたりしても「もろい」とは言わない。細かくばらばらに壊れる場合が「もろい」で、たとえば、木が朽ちかかって、わずかの力でばらばらになる状態は「もろい」と言える。「年をとると骨がもろくなる」など。「もろい」は「丈夫」と対義関係を持っているように見えるが、「もろい」で表せる主体は、ガラスのような壊れやすい物質に限る。柔らかい物質、たとえば「丈夫な……糸、布地、体」などは「もろい」に換えることができないので、「強い／弱い」を用いる。また、逆に「もろい……飾り皿、焼き物細工」などを、「丈夫」に置き換えることはかなり無理

がある。「丈夫」は本来、外力が加わった場合、それに耐えていく性質を持ったものが壊れずに長持ちすること。飾り皿や焼き物細工は外力が加わることを前提としない。コンクリート製の橋脚などは重量に耐えている物だから、「丈夫」が使える。同時に、地震で崩壊すれば「もろい」とも言える。

分析2 「もろい」1は物質以外にも比喩《ひゆ》的用法として転用される。「相手チームはもろくも崩れ去った」など。

分析3 2感情面で他からの働きかけに対する抵抗力に乏しいさま。感情的に訴えてくるものを「……ニ」で示し、「……ハ……ニもろい」文型をとる。

1には、このような、助詞「ニ」を取る言い方があまりない。「石造りの家は地震にもろい」など、ごくわずかである。

「情にもろい」「涙もろい」

関連語 **よわい**

「もろい」は、あくまで他からの瞬間的な物理的力（打撃・衝撃など）に対して、固い物質が砕け割れてしまう質的に弱い性質を言う。したがって「もろい」を成立させるためには、次の諸条件を満たさなければならない。

(1)固い固体であること。（「もろいパン」などとは言えない）

(2)砕け、割れ、欠けやすい性質を持つこと。
(3)それは強い物理的外力を受けた場合に起こる現象であること。(「熱にもろい」「薬品にもろい」などとはふつう言わない)
「弱い」は、他からの作用に対して変質・変形しやすい性質。固い物質に限らないので、「もろい」のように、運動エネルギーによる一時的な外力で形が壊れる、ばらばらに砕ける場合を予想しない。「このガラスはもろい」と言えば、物理的衝撃を予想し、「弱いガラス」と言えば、「熱に弱い」のような場合をも考えられる(固い物質を予想しないから)。

「弱い……繊維、体、意志」

など、使用の幅が広く、変質・変形する性質に言うので、切れたり破れたりしなくてもよい。「光に弱い色」「寒さに弱い木」「プラスチックは熱に弱いから、すぐ曲がったり歪《ゆが》んだり変形しやすい」など。

やさしい〔易しい〕形容詞

その事柄を解決または実現へと持っていくことが簡単である状態。能力的に、または周囲の条件から見て、困難さの度合いが基準を下回る状態。⇩むずかしい(二四七頁)

関連語　**たやすい**

「たやすい」は「た-やすい」で「やさしい」と同義の語である（「やすい」は「やさしい」）。〝その事柄を行うのが容易である〟の意で、「そんなことはたやすくできる」「どんなむずかしい技でも、たやすくできる」のように、行為の容易さにだけ使われる。したがって、必ず行為を表す語を受けて「彼の文章を理解するのはたやすい」「この記号を覚えるのはたやすい」「暗号を解読するのはたやすい」のように表し、「彼の文章はたやすい」とか「たやすい暗号」とは言えない。それに対して、「易しい」は、問題の解決や実現を目的とした意味を含んでいるから「易しい暗号」と言えるのだが、「たやすい」には、そのような前提がないから不可能である。

この点から「易しい」には「やさしくできる」といった言い方がない。「どんなお子様にもやさしくできます」などは、日本語の表現法として適当でない。「たやすく」「簡単に」などを使うのがよい。なお、「やさしく説明する」のように、説明する行為が易しいのではなく、説明される結果が易しい内容である場合は、「易しい」が連用修飾語となりうる。

関連語　**容易　簡単**

「容易」も「たやすい」と同じく、行為することがさほど面倒でないことを表す。ただし、

「たやすい」が比較的単純で規模の小さい行為に使われるのに対し、「容易」は複雑で大きな仕事に対して使われることが多い。「逆立ちなんてたやすい。朝飯前だ」に「容易」を使うのは大げさすぎる。逆に「この国際的な大事件を収拾するのは容易な業ではない」などは「たやすい」ではぴったりしない。なお、「容易」は、「容易な……ではない」と打消表現になることが比較的多い。

「簡単」は「やさしい」の意ではなく、物事が大ざっぱで、あまり手間をかけていない状態である。

①かんたんな……食事、テスト、構造、組織、道具、手術

②かんたんに……すむ、説明する、片付ける

「やさしい試験」は問題のレベルが低く容易に解答できる試験であるが、「かんたんな試験」は、設問が単純で、数が少なく、あまり手間や時間がかからないような試験である。

なお、「簡単」の対義語「複雑」には、②の用法がない。

やっと　副詞

その人の能力や、その場合に可能な、最大限の力を発揮して、困難な状況を克服し、ど

うにか実現する状態。⇩ついに（一七七頁）

分析 困難な状況としては、時間的状況、作業行為の状況、場面的状況、レベルにおける状況などが考えられる。

(1)時間的状況「やっと発車時間に間に合った」「終電にやっと乗れた」「一時間待ってやっと順番がきた」「十時になってやっと開店した」「五時間揺られてやっと東京に着いた」

(2)作業行為における状況「苦心のすえ、やっと完成」「やっと調べ終えた」「さんざん捜してやっと手に入れた品」「何度も説明してもらって、やっと分かった」「頑張ってやっと五ページ翻訳できた」

(3)場面的状況「四人がやっと座れる狭い部屋」「網棚にやっと手が届く」「詰め込んでやっと鞄に納まった」「子供一人がやっとくぐれる穴」

(4)レベルにおける状況「家族四人がやっと暮らせるだけの給料」「六十点とってやっと合格した」「この機関車は貨車二十両を引くのがやっとだ」

(1)(2)の文は、多く過去・完了形となる。どちらも、困難な状況を最大限の努力を重ねて、ぎりぎりのところで可能にする意味である。

関連語 かろうじて　なんとか　どうにか

本来は実現が不可能な状況にもかかわらず、すれすれのところで実現にこぎつける意味である。〝好運にも〟〝無理の限界を超えて〟という気分が強い。「やっと」に近いが、「やっと」は、そのものの可能性から推して、もともと実現が約束されている場合や、そのものの能力や性能からすれば、いずれは実現が可能な場合に用いる。「辛うじて／なんとか」にはそのような前提がない。だから、時間が経てば必ず実現する状況「十時になってやっと開店した」や、「やっと自分の番がきた」などは「辛うじて／なんとか／どうにか」への言い換えができない。

「駆け足で行って辛うじて間に合った」「辛うじて滑り込みセーフ」「辛うじて難をまぬかれた」「三年留年してなんとか卒業できた」「提出期限をすぎていたけれども、さんざん頼んで、なんとか受け付けてもらえた」「今からでも走っていけば、なんとか間に合うだろう」など。

「なんとか」は不可能なこともありうるという設定のもとで用いられるので、未来のことにも使える。

「どうにか」は「どうにかこうにか」の形で過去表現にも使える。「なんとか／どうにか／どうにかこうにか」は話し言葉的である。

関連語　ようやく　ようやっと

「漸く」「ようやっと」も「やっと」の意味に近いが、これらは時間的経過を経たうえで実現した場合に言う。なかなか実現の運びに至らない事柄が、ある時間経過の結果、しだいに実現へと傾き、ついに実現することである。

「ようやく分かってきた」「東の空がようやく白みはじめた」「長年の努力のすえ、ようやく会社を設立した」

「やっと合格した／ようやく合格した」を比べてみると、「やっと」は「大いに頑張ってやっと合格した」のように努力を傾けて困難な状況を打破する気持ちだが、「ようやく」は「三回滑って、三度めにようやく合格した」のように、時間的長さに耐え抜いて実現に運び込む気分である。「辛うじて」は、「補欠だったが、入学辞退者が出て、辛うじて合格できた」のように、絶望的だったものが危うく実現したという気持ちである。

ゆうめい〔有名〕形容動詞

世間に広くその名やその事が聞こえ知られていること。人にも、物にも、事柄にも、場所にも用いられる。

分析1　多くの人に知られているということは、その事物の価値と関係することが多いが、「有名」はプラス・マイナスどちらの評価の場合にも使われる。また、その名を知られる内容もいろいろであって、「有名な人」と言ったからといって必ずしも社会的に高い地位の人とは限らない。「あの作家は文化勲章をもらった有名な人です」は社会的信用度も高いが、「おしゃべりで有名な人」は〝おしゃべり〟という点において人によく知られているだけの話で、特に社会的信用が高いわけではない。このような、特定の事柄に関して他人一般と異なるためにある狭い範囲内で人に知られていることも「有名」である。このような「有名な人」は決して「有名人」ではないし、類義の「著名な人」ではもちろん有り得ない。「けちで有名だ」「彼のがめつさは有名ですよ」のように、有名である内容を文面に示すところに特徴がある。

「有名」にはこのように、(1)その人、そのもの自体に対する社会的評判としての信用度を伴う場合と、(2)ある面において際立っているために周囲のだれもが承知しているような事柄である場合との二種がある。前者は、プラス評価であれば「名高い」「著名な」にほぼ相当する。

分析2「有名」は人、物、事柄、場所など広範囲にわたって使用できる。

有名な……(人)かた、先生、作家、選手、歌手、学者、易者、
(物)学校、大学、会社、店、建物／作品、産物、絵、曲、小説、詩、
歌、出し物／料理、食べ物、菓子／鉄道
(事)事件、場面、ことば、せりふ、景色、話、史実、例
(所)町、公園、遺蹟、海岸、山

「芥川賞をもらって一躍有名になる」「志賀直哉の有名な小説」「京劇の中でも特に有名な作品」「迷宮入りした有名な事件」「富士山は日本で最も有名な山です」「この絵が有名な〝最後の晩餐〟です」「あまり有名になりすぎると自由が無くて窮屈だ」「この地方の有名な産物といえば真珠貝です」「かの有名なノーベル賞作家」「有名なリアス式海岸」「日本の工業製品といえば、自動車と光学器械が世界で有名だ」「この地方の有名な伝説」「お前のばかさ加減はクラスでも有名だ」「有名な吝嗇家《りんしょく》」「君の自慢話は皆知っている有名な話だ」

分析3 「有名」は他の語と複合して熟語を造る。

有名人、有名選手、有名大学、有名校、有名税

「いろいろと交際費がかかるが、有名税だと思って我慢しよう」「有名校なので競争率が高い」

「有名」の反対は「無名」であるが、これは職業的な名声のなさに用いることが多い。「有名」に比べ使用幅は狭い。「無名作家」「まだ無名なので原稿を書いても載せてくれる雑誌がない」「無名時代に鍛えた技術の基本」「私などまだまだ駆け出しで無名に近い」

関連語 **なだかい**

古代から用いられていたことばで、「名高し」つまり文字どおり〝その名声が高い〟こ

とである。現代語では漢語系の「有名」に押されて使用頻度が落ちたが、その名声が世間によく知られているということは〝評判が高い〟〝聞こえが高い〟の意で、かなりのプラス評価の場合に限られる。したがって「けちで有名」を「けちで名高い」と言うわけにはいかない。「世界最古の仏塔があることで名高い寺院」「この国は仏教発祥の地として名高い」「伝統的な民族劇を今も守りつづける名高い劇団」「ここが四十七士で名高い高輪の泉岳寺か」

のように、世間一般の同類のものには無いその名高さを表す特殊性を持った事物に用いられる。ただの有名校を「名高い学校」とはふつう言わない。

ゆるい〔緩い〕形容詞

行為や状態が完全な極限まで達せず、不十分でまだゆとりのある状態。完全な極限状態からこのような状態に移行するのが「ゆるむ」「ゆるめる」、その逆方向は「しまる」「しめる」である。

分析 1物と物との組み合わせにおける不十分さ。

「服、靴、帽子、腕時計、ベルト、ゴム、ねじ……がゆるい」「ゆるく……結ぶ、縛る、詰める」

などは、反対語「きつい」と対応する。⇩きつい（六九頁）
2行為や状態の程度が不完全なさま。
(1)ゆるい……規則、取り締まり、調子、スピード（行為、動作）
(2)ゆるい……坂道、勾配《こうばい》、傾斜、斜面、カーブ、曲線（曲がりの状態）
(3)ゆるい……大便、粘り、天ぷらの衣の溶き方（軟らかさ、粘性）
右のうち、(2)は面・線、どちらにも使え、曲がり方の度合いが低い状態にも、曲がりはなく、まっすぐな面や線の傾斜角の小さい状態にも言う。

関連語　**ゆるやか　なだらか**

「ゆるやか」は「ゆるい」2の(1)(2)にほぼ対応する。「ゆるやかな川の流れ」「ゆるやかなリズムに乗って……」「ゆるやかな坂道」に見られるように、激しさのない穏やかな状態を好ましいとして表す語（プラス評価）。「ゆるい」は程度の弱さを示すだけで、特にプラス評価はない。むしろ「ゆるい取り締まり」など、程度が不十分、不徹底でよくないというマイナス評価がある。「ゆるやか」とは対応しない1の「ゆるい靴」や、2(3)の「ゆるい便」などは明らかにマイナス評価の語である。
「なだらか」は、水平よりやや傾斜して、でこぼこや上下の屈折がほとんどなく、直線に近い状態。曲がりの角度がゆるやかで、線の出入りが激しくない状態。山、坂道など自然界の「面」に多く用いられる。
(1)なだらかな……山、丘、山裾、稜線、斜面、坂、肩
「ゆるい」や「ゆるやか」は「ゆるやかに起伏し……」と、曲線・曲面の屈折度の大小にも、「屋根のゆるやかな傾斜」のように、傾斜角の大小にも用いられるが、「なだらか」は、そのいずれもがきわめて小さい状態を言う。屈折度がゼロに近いという点から、
(2)なだらかに……話す／交渉が進む
のような、事の成り行きが滑らかでスムーズに運ぶようすを表すようにもなる。

よく　副詞

満足を得るような望ましい状態に対象のあることが「よい」であるが、そのような状態判断を行為や作用のあり方に転用することにより、「よい」の副詞的用法が生まれる。形容詞「よい」の連用形の用法が固定したもの。

分析 1困難な事柄を遂行したことに対する評価
(1)肯定的な評価の場合
「なかなかよい」というときの「よい」(形容詞)の連用形
「なかなかよく書けていますね」のように、書いた結果が眼前にあるような場合には、そ

の行為の産物に対して「よい」と評価する気持ちとなる。これが、行為の産物の現れにくい場合には、その行為をなし得たこと自体が結果となり、それに対する評価に変わる。「子供一人でよく東京まで出て来られたね」「わずかな資金でよく会社をつくったものだ」「二階から落ちてよく死ななかったな」「たった一か月でよくあんなに外国語が上手にしゃべれるようになったものだ」

あいさつことば「遠い所をよくいらっしゃいました」「よくもまあおいでくださいましたねえ。さあ、どうぞどうぞ」なども右と同じ発想である。

⑵否定的な評価の場合

同じ行為の遂行でも、その行為に対して話し手側の評価は肯定と否定に分かれる。〝鼠を殺す〟という行為に対して、それを正当なものと判断すれば「(あんなすばしっこい鼠を)よく殺せたね」となるが、不当な行為と判断すれば「(いくら鼠とはいえ、生命のあるものを)よく殺せたものだ」と否定的評価に変わる。結果的に、その行為を不当なものとして非難する気持ちとなる。〝よく殺すことができた〟という肯定的評価の言い方が、逆に否定的評価へとすり替わるのである。「心にもないお世辞がよくもあんなに言えるものだね。感心するよ」賞めているとも非難しているともとれる。両表現の差は紙一重である。同じ言い方で裏返しの表現をするところに強い非難口調が現れる。「よく……できたものだ／……するものだ」の形となることが多い。

「教えを受けた先生によくあんな失礼な口が利けたものだ」「知っているくせに、よく知らないふりをしていられるものだ」「よく嘘をついてくれたな」「よくも人の悪口を言ったな」など、右と同じ発想に基づく。

２行為・作用のおこなわれ方の説明

(1)行為・作用の完全さを表す場合

行為を遂行することへの評価が、行為そのものの評価へと移行する。

「あんな汚いズボンをよく洗ってくれたね」と言えば、困難な洗う行為を満足のいくほど十分にやり遂げたことへの評価となるが、「この汚いズボンをよく洗ってください」となると、洗う行為そのものを〝満足のいくよう十分に〟となる。行為に対する話し手の判断が、行為そのものの状態へと移る。主観的な判断が客観的状態へと変わるのである。

「誤植がないかよく見てください」「さあ先生の言うことをよく聞いてください」「お金をなくさないように、よく注意するのですよ」「次の文章をよく読んで、あとの設問に答えなさい」「『贋札《にせさつ》だから、本物と取り替えてくれ』と言う。よく見ると、なるほど確かに贋札なので、本物と取り替えることにした」

意志的行為でない例も見られる。

「ゆうべはよく眠れましたか」「あの人はよく知っている」「はい、よくわかりました」「よく効く薬」「双子なのでよく似ている」「よく消える消しゴム」「よく冷えたビール」

〝行為や作用がじゅうぶんに〟の完全さを意味する。

⑵行為・作用の頻繁さを表す場合

「よく気をつけて見ていると、彼の行動にはときどき不可解なことがある」「さあ、よく嚙んで食べなさい」

十分に行うことは、その時の行為の完全さとともに、同じ行為を繰り返し何度もおこなう頻繁さともなる。「よく嚙む」ことは〝十分に嚙む〟ことであり、〝何度も嚙む〟ことでもある。繰り返すことによって完全さが成し遂げられる行為や作用・現象などの場合、「よく」は〝何回も〟〝幾度も〟の意味を強める。

「小さい時はよく泣いた子だったが、今は見違えるほどしっかりした」「昔はよく古本屋めぐりをしたものだった」「彼はよく電話を掛けてくる」「若い者にはよくあるあやまち」「九州・四国地方にはよく台風が上陸する」「彼はよく忘れ物をする」「彼女はよく黄色のセーターを着て来る」「日没時によく起こる現象です」

関連語　ときどき　たびたび　しばしば

これら三語はいずれも事柄の生起の間隔と回数を問題としている。何回も起こる（または、何回も行う）事柄で、「たびたび／しばしば」に比べて「ときどき」は頻度が低い。〝しょっちゅう〟ではなく、ある期間に何度か数える程度の回数である。

「つゆどきといっても、ときどき思い出したように晴れることがあります」「たびたび／ときどき／たまに」の順で頻度は下がる。以下は「めったに……ない」のような否定表現にして表す。「たびたび」は口頭語、「しばしば」は文章語である。

さて、「ときどき／たびたび／しばしば」が、生起する事柄の頻度つまり〝動作性〟を問題としているのに対して、「よく」は〝しばしばそのようなことになる。そのようなことをする〟という状態や性質、つまり〝状態性〟を問題としている。先の三語が、多く動作性の動詞に係って、頻繁にその動作や作用の起こることを述べているのに対し、「よく」は、〝そのようなことが起こりやすい、起こりがちである、以前は起こしたものだ〟という状態説明となっている。回数計算のできぬ作用・行為、たとえば、「練り物は足が早くて、夏はよく腐る」「ざるの目が粗いので、気をつけないとよくこぼれる」「よく売れる品」「安いので客がよく買っていく」「彼はよく図書館にいます」「よく気の変わる人だ」

いずれも現象や行為の回数を問題としているのではなく、そうなりやすい状態や性質を問題としている。「むやみに／すぐ／どんどん」等の意で、「ときどき／たびたび／しばしば」では置き換えられないか、たとえ置き換えができても気分が違ってしまう。⇩たまたま（一四九頁）

よほど〔余程〕副詞

こちらの想像や世間一般の標準をはるかに越えるほどに程度がはなはだしいこと。口頭語としては「よっぽど」の形も用いられる。

分析 文型的には四種類になる。

1 「……なのは、よほど……らしい／ようだ／のだろう／のだ」と推量・推定もしくは、それに準じた断定となる形式。

「会費も払えないところをみると、よほど金に困っているのだろう」「あんなにがたがた震えているとは、よほど恐ろしかったにちがいない」「あの正直者が代金を踏み倒すとは、よほど金に困っての仕業だ」「まる一昼夜も眠り続けるとは、よほど疲れたのだ」「あんなに大声で泣くのは、よほど悲しいからだろう」「そんな封建的なことを言うなんて、お父さんはよっぽど古いんだな」など。

現状や結果から、そうならざるをえなかった原因・理由等を推定する形式で、その原因・理由のはなはだしさを強調し、驚きの気持ちで眺めるさまを表す。

2 「よほどの……」と「の」を伴って連体修飾する形式。その名詞の表す状態が並一通りでないさま。

よほどの……人物／学者／こと／事件／寒さ／驚き

表現意識としては①と同様、推定する気分を伴う。

「一代でこれほどの財をなすなんて、よほどの人物にちがいない」「あんなにこわがるところを見ると、よほどのことがあったらしい」など。

「よほど」と同じ意味で、程度のはなはだしさを表す「ずいぶん」「だいぶ」などには、この「〜の」となる連体修飾の用法がない。「かなり」「相当」にはこの用法が見られるが、「これはかなりの被害だ」「相当の経験をする」のように、特に推定意識の場合に限らず、広く一般の叙述中に用いられる。「よほど」が推定的意識の表現にのみ用いられるということは、それだけ主観性の濃い、話し手の気持ちの強く表れた語だからである。

③「BはAより、よほど……だ」の比較形式をとって、A・Bの程度の差が大きいことを強調する。

「当地は暑いとはいえ、空気が乾燥しているだけに、日本よりはよほどしのぎやすいようです」「教育制度に関して言えば、わが国のほうがよほど進んでいる」

「遥《はる》かに」「ずっと」と似ているが、「よほど」は①と同様、話し手の主観でとらえた、程度のはなはだしさを表す。「遥かに」「ずっと」は、「わが国の文化のほうが遥かに進んでいた」「スイスのほうがずっと涼しかった」と経験的叙述のほか、「モンブランよりヒマラヤのほうが遥かに高い」「グリーンランドのほうがずっと北だ」「飛鳥《あすか》時代のほうがずっと古い」のような客観的比較表現にも用いられる。さらに「もっとずっと右だ」「遥かな星」「ずっと後世になって……」のような、方向・距離・時間等の程度表現にも使われる。「よほど」を用いると、話し手の主観が強く表れ、経験的な叙述になってしまう。

「こんなことなら来ないほうがよっぽどましだ／ましだったよ」「今度の試験のほうが、この前よりよほどむずかしかった」「あの大学のほうがよほどむずかしいですよ」など。⇩さらに（一〇六頁）

なお、「よほど」は、1原因推定か、3比較形式となる語なので、「シベリアはとても寒い」のような単なる断定的叙述には使えない。「よほど」を用いると、「シベリアはよほど寒いらしい」とか、「シベリアは日本などよりはよほど寒い」と特定の表現形態を取らなければならなくなる。

4「よほど……しよう」と意志を表す形が以下に来て、行動に移したい気分の程度がはなはだしいさまを表す。ただし、心に強く決意するだけで、行動に移すことをためらう場合である。〝思い切って〟の気持ちが伴う。

「あんまり癪にさわるから、よほど怒鳴りつけてやろうと思ったが、我慢した」

「黙って見ていられない。よほど言ってやりたかった」

わりあい〔割合〕名詞の副詞的用法

「割合」は全体に対して一部分が占める比率である。そこから「わりあい（に）多い」のように比率の高さを表す。さらに「合格者は試験のむずかしかった割合に多い」のように、条件と結果とを比較し、結果が予想や標準を上回るか下回るかしたときに、「……にしては」に当たる逆接の用法が生じる。これが話し手の脳中にある標準的な程度との比較意識となると、〝比較的〟〝思ったよりも〟〝案外〟などに近い意味となる。状態を表す語に係る。なお「あい（合）」の落ちた「わりに」も用いられる。「わりかし」は、まだ標準的な言い方ではない。

分析　「今日はわりあい寒いね」「電車はわりあいすいている」など、ある状況に対して「わりあい」「わりに／と」を用いる場合、その事柄・状況に対して、なんらかの標準的な基準を設け、それとの比較のうえで、幾分なりとも程度が上回っている（または下回っている）と判断した場合に用いる。

「見た目は悪いが、わりと味はいい」「わりに引き締まったいい体をしている」「今月はわりあい欠席者が少なかった」「わりあいいい天気が続くね」「わりといい成績」「わりあい上手にできた」「わりあい安い品」「わりにまじめでいい学生だ」「わりあいよく働く」など。

標準をどの程度にすえるかは、話し手の主観、社会通念など常識的判断に任される。同じ値段でも、わりあい安いと感じる人、とても安いと考える人、普通ととる人と、いろいろいる。その人が身を置く社会が違い、生活が違えば標準も変わる。一般の平均値的度合いに比べて、という客観性を多少は帯びるが、所変われば品変わるで、絶対的な評価ではない。この発想は「比較的」に近い。

関連語 **案外**

「わりあいいい成績だった」「案外いい成績だった」

「案外」は、全くそうではないと予想していた状態とは反対の結果が現れるとき用いる。成績は悪いだろうという予想に反し、それほど悪くなかった場合である。

「わりあい」は〝一般的な平均値に対して比較的〟で、「わりあいいい成績」は、当人の今までの平均値や、クラス平均、評価などにおいて、平均をだいぶ上回る成績である場合。「わりあい」は全体に対する「割合」であり、かなり客観性を帯びる。

それに対し、「案外」は、〝話し手が予想したのとはだいぶ違って〟の気持ちを表す主観的な語である。「全然勉強しなかったのに案外いい成績だ」「あのできない生徒にしては、案外にいい成績だ」など。

〝予想外〟〝思いのほか〟の意味であるが、特に八十点とか評価4などのいい成績とはかぎらない。「〇点かと思ったら五十点とれた。案外いい成績だ」も言える。この場合は「わりあい」は使えない。ほかに、「案外の成績」「案外な結果」などの言い方もできる。「案外疲れた」「案外上手に書けた」「クラス会は案外と安くすんだ」「案外つまんない映画だった」「案外やさしい問題が出るかもしれないよ」など。

結果が予想とは逆に、プラス状態である場合にもマイナス状態である場合にも使える。

関連語　**けっこう**

予想した程度より、はるかに上回っている場合に用いる。弱いプラス評価の語である。「案外」は、その可能性が全くないか、逆の可能性を予想していたものが、予想外であった場合に用いる。

「結構」は、ある程度の可能性は予想していたのだか、その程度が予想外に高かった場合である。

「けっこういけるじゃないか」「子供でもけっこう役に立つ」「平日だというのに、けっこう客の入りはいい」「あれでけっこう顔は売れている」「けっこう気をつかっているんだよ」など、

低い予想に対して、実状ははるかに上回る状態である。もちろん、完全とはいえない。しかし、それで十分満足のいく状態である。当然プラス評価の場合に多く用いられる。

「けっこう広い土地」「けっこう面白い」「今日はけっこう働いた」など。

もともと「けっこうな生活」「けっこうなお庭」のように、プラス評価に働く形容動詞なので、「けっこう狭い土地」「けっこうつまらない」「けっこうさぼった」と、マイナス評価の語にはふつう使わない。もっとも、プラス・マイナスどちらに働く例も、多少は見られる。

「けっこう込んでるじゃないか／けっこう空いてるね」「けっこう寒い／けっこう暖かい／けっこう涼しい／けっこう暑い」など。

あとがき

かれこれ今から四十年ほど前の話である。大学の研究室で事務的な仕事をしていると、背後のドアをノックする者がいる。「はい、どうぞ。」と返事だけして仕事を続けていると、ドアを開けて入って来た人がいきなり後ろから抱きついて、

「先生、相変わらず早稲田の先生をしているんですねえ……」

と話し掛けてきた。見ると、かつて教えたことのあるカンボジアからの留学生で、今はスーツ姿の立派な紳士だ。が、それにしても「相変わらず」はいただけない。例によって国語辞典数冊に当たってみると、「今までのとおりで変わらないようす」とか、「いつもと同じく」と出ている。これでは彼の日本語を責めるわけにはいかない。

日本語、とりわけ副詞や慣用化された言い回しには、事態に対するその折々の話者の判断や評価が語彙選びに大きく影響する。どのような語や表現を用いるかで、状況把握の心理状態が決まってしまう。一見客観的な状態と見えても、言葉として発すると、そこに話し手の主観が反映してしまう。話者の心の鏡に映った状態と言い換えてもよい。だから似

たような状況であっても、それをどのような語で表現するかで、理解の内容は大きく違ってくる。

本書では、そのような微妙に異なる類義の語同士や、状態や状況に対する話者の予想と現状との対比を発想の原点とした語などを、『違いをあらわす「基礎日本語辞典」』の書名の下に、旧著『基礎日本語辞典』より選び、編集してみた。読者諸賢には、本書の内容に共感を覚え、興味を抱かれたなら、ぜひ旧著を手にして、本書に収録されなかった他の語についても読み進めていただきたい。それぞれの語の持つ日本語独自の発想によって創り出された日本語の妙味に酔いしれることができるであろう。

終わりに、本書の企画を発案された辞書研究者であり芸人でもあるサンキュータツオ氏、および、その実現に努力を惜しまれなかった書籍編集部の白井奈津子さんに感謝の意を申し述べたいと思う。

平成二十六年四月

著　者

本書は、平成元年に弊社より刊行された『基礎日本語辞典』から項目内容を厳選し、テーマ別に再編集の上、文庫化しました。

違《ちが》いをあらわす
「基《き》礎《そ》日《に》本《ほん》語《ご》辞《じ》典《てん》」

森《もり》田《た》良《よし》行《ゆき》

平成26年 6月25日　初版発行
平成29年 5月30日　再版発行

発行者●郡司 聡

発行●株式会社KADOKAWA
〒102-8177　東京都千代田区富士見2-13-3
電話 03-3238-8521（カスタマーサポート）
http://www.kadokawa.co.jp/

角川文庫 18628

印刷所●大日本印刷株式会社　製本所●大日本印刷株式会社

表紙画●和田三造

ISBN978-4-04-407105-9　C0195

角川文庫発刊に際して

角川源義

第二次世界大戦の敗北は、軍事力の敗北であった以上に、私たちの若い文化力の敗退であった。私たちの文化が戦争に対して如何に無力であり、単なるあだ花に過ぎなかったかを、私たちは身を以て体験し痛感した。西洋近代文化の摂取にとって、明治以後八十年の歳月は決して短かすぎたとは言えない。にもかかわらず、近代文化の伝統を確立し、自由な批判と柔軟な良識に富む文化層として自らを形成することに私たちは失敗して来た。そしてこれは、各層への文化の普及滲透を任務とする出版人の責任でもあった。

一九四五年以来、私たちは再び振出しに戻り、第一歩から踏み出すことを余儀なくされた。これは大きな不幸ではあるが、反面、これまでの混沌・未熟・歪曲の中にあった我が国の文化に秩序と確たる基礎を齎らすためには絶好の機会でもある。角川書店は、このような祖国の文化的危機にあたり、微力をも顧みず再建の礎石たるべき抱負と決意とをもって出発したが、ここに創立以来の念願を果すべく角川文庫を発刊する。これまで刊行されたあらゆる全集叢書文庫類の長所と短所とを検討し、古今東西の不朽の典籍を、良心的編集のもとに、廉価に、そして書架にふさわしい美本として、多くのひとびとに提供しようとする。しかし私たちは徒らに百科全書的な知識のジレッタントを作ることを目的とせず、あくまで祖国の文化に秩序と再建への道を示し、この文庫を角川書店の栄ある事業として、今後永久に継続発展せしめ、学芸と教養との殿堂として大成せんことを期したい。多くの読書子の愛情ある忠言と支持とによって、この希望と抱負とを完遂せしめられんことを願う。

一九四九年五月三日

森田良行の本

基礎日本語辞典

日本語の微妙なニュアンスが、読めば読むほどよくわかる！

普段、日常的に使うことばのなかで、対義語や類義語との関係が複雑なものや、慣用的用法、比喩的用法に注意が必要なものを厳選。そのことばの中心的な意味や、具体的な場面を設定した使い分けのポイントを鮮やかに分析した画期的な日本語辞典。

ISBN978-4-04-022100-7

角川ソフィア文庫ベストセラー

日本語質問箱　森田良行

なぜ「水を沸かす」といわず、「湯を沸かす」というの？　何気なく使っている言葉の疑問や、一字違うだけで意味や言い回しが変わる日本語の不思議をやさしく解き明かす。よりよい日本語表現が身に付く本。

古典文法質問箱　大野　晋

高校の教育現場から寄せられた古典文法のさまざまな八四の疑問に、例文に即して平易に答えた本。はじめて短歌や俳句を作ろうという人、もう一度古典を読んでみようという人に役立つ、古典文法の道案内！

古典基礎語の世界　源氏物語のもののあはれ　編著／大野　晋

『源氏物語』に用いられた「もの」とその複合語を徹底解明し、紫式部が場面ごとに込めた真の意味を探り当てる。社会的制約に縛られた平安時代の宮廷人達の生活や、深い恐怖感などの精神の世界も見えてくる！

日本語教室Q＆A　佐竹秀雄

「あわや優勝」はなぜおかしい？「晩ごはん」「夕ごはん」ではなく、なぜ「夜ごはん」というの？　敬語や慣用句をはじめ、ちょっと気になることばの疑問を即座に解決。面白くてためになる日本語教室！

富士山の文学　久保田　淳

日本人は富士山をどのように眺め、何を思い、その思いをどんな言葉に託してきたのか。和歌や物語、詩や俳句ほか、古今の作品に記されてきた「富士山」をたどりながら、日本人との関わりを明らかにしていく。